追琢真金

洮河绿石砚的金玉其相

卓尼君◎著

中国社会科学出版社

图书在版编目(CIP)数据

追琢真金:洮河绿石砚的金玉其相/卓尼君著. —北京:中国社会科学
出版社,2015.7

ISBN 978-7-5161-6931-5

Ⅰ.①追… Ⅱ.①卓… Ⅲ.①石砚—研究—卓尼县 Ⅳ.①K875.42

中国版本图书馆 CIP 数据核字(2015)第 226765 号

出 版 人	赵剑英
选题策划	郭晓鸿
责任编辑	熊　瑞
责任校对	闫　翠
责任印制	戴　宽

出　　版	中国社会科学出版社
社　　址	北京鼓楼西大街甲 158 号
邮　　编	100720
网　　址	http://www.csspw.cn
发 行 部	010-84083685
门 市 部	010-84029450
经　　销	新华书店及其他书店

印　　装	北京君升印刷有限公司
版　　次	2015 年 7 月第 1 版
印　　次	2015 年 7 月第 1 次印刷

开　　本	880×1230　1/32
印　　张	5.625
插　　页	2
字　　数	107 千字
定　　价	39.00 元

目　录

自　序

老辈人一句"字如其人"，晚辈就多了一门功课：练字。

第一天练字，就有了自己专属的文房四宝——笔、墨、纸、砚。新鲜、好玩、兴奋，学着大一点孩子的样子，铺平宣纸、研墨、手握狼毫，歪歪扭扭的"天道酬勤、厚德载物"跃然纸上，不尽兴，一遍又一遍书写……

连着三天，重复相同的事情，不仅要书写"天道酬勤、厚德载物"，还要有起笔、落笔等标准，新鲜劲过后，畏难情绪袭来，研墨的时间越来越长，暗自琢磨："发墨慢一些、少一些，狼毫快一点用坏，少写乃至不写字。"

小聪明改变不了练字的事实。砚台既是好伙伴，又是供我出气的物件儿。心情好的时候，觉得砚台美丽极了：绿色的石砚，雕刻有山、水、楼阁、小巧精美的微型拱桥……可以想见砚匠是如何玩转刻刀的，左转右转的变化，尽在石砚上彰显。心情不好的时候，不想练字，又惧怕先生的威严，只能找出气筒——砚台撒气，摔摔打打地欺负砚台，希望砚台坏掉，可以有理由逃掉一次练字，但砚台完好无缺地端立。

练字成为习惯，天天麻木地书写："天道酬勤、厚德载物"，砚台依然是不离不弃的伙伴。

直到有一天，先生当着其他孩子的面，夸奖我："你们当中，字写得最好的是君子，要向他学习！"没有料到，先生的表扬，使我回到家中，第一次得到零花钱。我感觉到伙伴的羡慕，突然就爱上了练字。

从那以后，我用心体会和琢磨"天道酬勤、厚德载物"的笔画结构、布局等，对砚台的恨意全消，反而是倍加爱护。

事情总是与愿望相背。曾经摔摔打打它都不坏，今儿小心翼翼地清理残墨时磕断了微型拱桥，使它成了断桥……

我心痛不已，修复，哪里能修复？跑遍长安的众多文玩店铺，无人能修。听朋友说，钟楼旁城隍庙内的一家老字号的文笔店有一位老师傅，他见多识广，曾在年轻时候给慈禧太后的随行人员送过笔墨，装裱过字画，朋友说这位师傅有可能会修复砚台。我包好砚台，找到这位老师傅，说明来意。

老师傅上手一掂，打开包袱喜笑颜开："见过，记忆犹新。它叫洮河绿石砚台，四大名砚之一，难得的宝物。下墨快、不损毫是其特点。"

我紧张地问："能修吗？"

老师傅摇头："修不难，难在没有可以粘补的专用胶。"

我接着问："哪里有？"

老师傅道："产地，洮州厅。"

多年以后，我终于如愿抵达洮河绿石砚台的故乡——洮州厅的卓尼地区，修复了砚台，结识了好友，喜悦之情难以言表，遂将沿途所见所闻记录，写成《追琢真金——洮河绿石砚的金玉其相》一书，介绍洮河绿石砚台，弘扬砚匠继承、发扬洮河绿石砚台的辛勤劳作、默默无闻的奉献精神！

卓尼君

2014 年 12 月 27 日

第一篇　引言

　　我的家在长安城内的青年路，门前的一棵老槐树是朱漆宅院的标识。时值盛夏，天气闷热难耐，就连门前的老槐树也难以抵抗烈日的暴晒，耷拉着枝叶。原本居住在老槐树上的土著翠禽，整日软语的精灵们依偎的身影也不见了踪迹。只有外来的知了，时不时鸣叫几声，还透着沙哑。不怕热的幼童，在老槐树下玩累了，坐在我家的门当——一对青石做成的石狮子上接着玩耍，不停地用小手拨弄石狮子嘴里的铜铃铛，"铃铃铃"响个不停。当幼童们听到院内有人来了，撒腿便跑，还不忘拍打几下朱门上的铜环，留下几个黑手印在青石狮子的头顶上。

　　我，卓尼君，出生于朱漆宅院，门前的老槐树的淡黄色槐花散发着幽香，石狮子的铜铃声，让我羡慕玩耍的孩童。生长在中医世家，我没有选择，按部就班地继承了家传的行当。整天抓药、抄方、写医案、煎汤药及学习炮制药丸，颇有些枯燥、烦闷。我赖以纾解心怀的灵方妙药，唯一物件儿，是医案上天天相见、天天使用的一方砚台。

我的这方砚台，它是碧绿色的山水砚台。砚石上刻有假山、拱形桥、楼阁。做砚台的师傅巧妙地利用纤细的直线纹，深雕楼阁及门窗，纤细的弧形纹镂刻着七孔拱形桥，桥边的柳枝是采用浮雕的刀法，如同微风吹过，婀娜多姿，最绝处是墨池，每当研墨时，好似泉水般涌出，泉水一滴一滴变成墨绿色，在狼毫的舞动中，偶尔露出白色的云朵、金色的星星。我感叹不已：坚毅和柔弱竟然是如此的和谐！

我常常把玩，时间久了，总有失误的时候。这一日，我在清洗残墨，手一打滑，砚台磕到地上，不偏不倚正好磕断了拱形桥，使它成了断桥。我捡起脱落的那一小截儿，心痛许久，只能修一修。

这一修，修出了故事。

我在长安城内，寻找修补砚台的铺面。在城隍庙内一家老字号的文房四宝店，有位老先生认识此砚。他讲，这方砚台是洮河绿石砚，自古是贡品砚，市面鲜有流通，认识的人很少。修补容易，但是，没有专用胶。看到我焦虑的神态、失望的表情，老先生告诉我："修补洮河绿石砚的专用胶出自洮州厅，而且，那儿还是生产洮河绿石砚的地方。"

我心动了。

洮州厅在哪里？洮河绿石砚好在哪里？它是一个未解之谜，挥之不去，总是在我脑海里出现，从无牵挂的我，开始失眠了。

民国元年，我终于前往洮州厅一探究竟。

第二篇　约定

民国元年七月十三日，我和金刀大夫在真味药庐约定：民国二年的重阳节，在长安举办《神农本草经》书砚展览。

眼见时间已是七月底，距离约定之日越来越近了，金刀大夫那儿没有一丁点儿消息，我很是焦急，进而心烦气躁，看什么都不顺眼。平日里，夏天下雨是非常盼望之事。但是，此时此刻感觉老天也和我作对，刚刚还是晴空万里，转眼就是黑云压城，像孩子的脸，说变就变，令人闷热难耐！

在我浑身别扭时，就连寄居在门前的老槐树上的知了也赶来凑热闹，不怕损伤了喉咙，一声紧接一声地鸣叫，使我心烦不已。

凑热闹似乎会传染，也不知道院内何时突然冒出了许多蜻蜓，个个超低空紧贴地面振动双翅，迅速地窜来窜去，"嘶嘶嘶"响个不停，更使我心烦意乱。

我怒气冲天，攥紧双拳走出院门，用右脚猛踢老槐树，想赶走知了，让它闭上嘴巴，停止知了……知了……知了的烦音。无果，脚却是在老槐树上踢得生疼。

我狼狈地用左腿单腿跳回院内，愣头蜻蜓依旧拼死似地胡乱飞行，我担心撞伤它们，眼不见，心不烦，走进房间，对知了和蜻蜓的行为听之任之。

我屋内靠近窗户下，放有一张书桌，书桌上摆放有文房四宝，我坐在书桌前，听着由远而近的连续的雷声，看着闪电忽现忽闪，惦记着金刀大夫砚台展览之事，不自觉地捧起书桌上的砚台，睹物思人，心中更加的不安。

我双手捧起的砚台是一方带盖的浅绿色长方形砚台，雕刻的图案讲述的是孔圣人在杏坛授业、解惑的故事。

先说砚台的盖子。以砚台盖子中央的纽为中心，右上方，孔圣人慈眉善目地端坐在那里，神采飞扬地讲着什么。他的身后有一片杏树林，每一片树叶的茎脉都清晰可见。树枝上挂满了金黄色的杏儿，几只熟透的带着小疤痕的杏儿落在地上，几只小鸟停落在杏树的最高处，叼着杏肉，享受美餐，距离纽盖最近处的老杏树，树干上的杏胶结成的如同琥珀般透明的块状物，逼真形象。

左下方，几名弟子正襟危坐，长相各异，专心致志地聆听教诲的眼神，和真人一般，衣裳褶儿透着自然、整齐、干净，和真人衣裳没有二般。

中央的纽盖，是将金色的铜钉连成二十八颗星宿的样子，象征浩瀚的天空。

再说砚台。它的内部是两个类似于太极状的圆形池子，一个是墨池，另一个是水池。使用的时候一黑一白，不使用的时候浅绿色的底部温润、含蓄地彰显着俊秀。墨池、水池边，采用留白的手法，展示原石的本来纹理，以素面示人。

这方砚台是我在真味药庐停留时，金刀大夫送给我的。回到长安后，我将它放在书房的书桌上。原来的那一方山水砚台，被金刀大夫修好后，现在放在医馆的医案上，陪伴我行医。书房的孔圣人开坛砚台，遵照金刀大夫的养护经验，每天仔细保养：清晨，使用之前，用一支干燥、洁净的毛笔，轻轻掸去灰尘；晚上，用毕之后，最好不要留存残墨，用洁净的水冲洗后，盛少许清水在墨池、水池中，盖紧砚盖。夏季，要点是避免暴晒；冬季，要点是远离火源，避免烘烤。保养得当，砚台的石性越来越细腻，发墨的速度越来越快，叩砚石发出的声音越来越圆润、清亮。

专注回忆往事之时，闪电和雷声已经悄然退去，雨点却留了下来，风吹着雨水从敞开的窗户轻盈地飘进来，滴落在砚台的水池中，激起涟漪，此景不由让我联想起

"红叶黄花秋意晚，千里念行客。飞云过尽，归鸿无信，何处寄书得？泪弹不尽临窗滴，就砚旋研墨。渐写到别来，此情深处，红笺为无色"①的诗句。此景真正应了诗文里的寓意和焦虑等待之情，临渊羡鱼，不如退而结网，何不来个就雨水研墨，鸿雁托书？

① 晏几道：《思远人》。

第三篇　往事

上·追宝

一　莲花市

1. 查阅资料文献

洮州厅在哪儿？查阅地方志方知，它是一个地方名称，隶属甘肃省的兰山道。当地最著名、最鲜见的宝物是赤兔马和洮河绿石砚。

赤兔马，那可是关云长的坐骑，闻名遐迩。我是一个好马之人，在那里不仅可以见到赤兔马，而且还可以修补我的山水砚台，去洮州厅的愿望越来越强烈，这个想法始终萦绕在心头。

我查阅了大量书籍，发现记载洮河绿石砚的文字很少。最多、最常见的介绍是：我国有四大名砚，它们是端砚、歙砚、洮河绿石砚、澄泥砚。我幸运地在赵希鹄的著作中阅读到："除端歙二石，惟洮河绿石。北方最贵重。然石在临洮大河深水之底，非人力所致。得之为无价之宝。耄耋相传虽知有洮砚，然目所未睹。今或有绿石砚，名为洮者多。"

从这段文字传递的信息，可以肯定几点：

第一，洮河绿石砚的历史是很悠久的。赵希鹄是听耄耋老者相传知有洮河绿石砚，洮河绿石砚的历史在南宋之前。

第二，洮河绿石砚在北方最贵重。

第三，明确产地，临洮大河深水之底。临洮大河，当地人称为洮河，洮州厅的地域正是洮河经过之地。洮州厅就是洮河绿石砚的产地。

第四，洮河石砚的颜色以绿色最多，故名洮河绿石砚。

第五，在南宋时期就已经出现用绿石砚仿冒洮河绿石砚的情况。

第六，洮河绿石砚是无价之宝。

由此，我颇有一些得意，赵希鹄都不曾得见，我却已经拥有一方。但是，可惜有一些残缺，更希望能够早日修补，弥补遗憾。

洮州厅，魂牵梦萦的地方！

2. 米力·雪儿

民国元年端午节，晚间，我同家人一起祭祀屈原，饮用雄黄酒，并且在院内燃烧了一些艾草。席间，老人家决定：由我去洮州厅采买药材，明日就可以出行！

五月初六的清晨，我带着举荐信和山水砚台，告别灞桥出发了。当我独自一人来到兰山道的兰州，在黄河大铁桥桥头见到藏族小伙米力，顿时感觉轻松了许多。接下来都由他陪同我前往目的地——洮州厅，不再是我一个人孤身旅行。

米力，他是一个让人一眼看过就不会忘记的那种人。他长着大高个，整个人英俊、伟岸、健壮。肌肤颜色是城市人羡慕的颜色，为古铜色，就连脸庞也是古铜色，只不过颧骨和鼻尖处更红一些。一双大眼睛，尤其是双眸清澈明亮，透着纯洁、善良，有一见如故的亲切。

米力被我直视的不好意思，略显拘谨，他双脚并立，右脚尖不断地去碰左脚尖，左手、右手的中指分别紧紧地贴在裤子的裤缝中线处，上下移动。

我感觉到自己的行为有一些不周，连忙说道："我叫卓尼君，来自长安。"

米力笑了："卓大夫，你刚才已经介绍过了。"

"哦，哦。"我也一同笑了起来。

米力又笑道："卓大夫，你知道吗？我们要去的目的地，就在卓尼！"

这一回，我有点吃惊："卓尼！我要去的是洮州厅？"

"洮州厅管辖的地方大得很，采药的具体地方是卓尼的柳林。"米力如是说。

"噢"，我应了一声，继续和米力闲聊，我们一致认为太巧了，好像是老天早就安排好了的。我叫卓尼君，要去的地方叫卓尼。冲着名字，这一趟必能达成心愿，取得成功。

米力在兰州雇了一辆马车，我们从兰州到洮州厅的路途可以乘坐马车，以后的路程则要步行。米力招呼他身边的一匹白色马，唤它作雪儿，在它的耳朵旁说了句什么，雪儿就走到马车的前面带路。

雪儿，长的就像它好听的名字。只见它身材高大，通身雪白，漂亮的马尾巴就是天成的掸尘，镶嵌在马头上的大眼睛，好似黑珍珠般分外醒目，神气得让人不由得喜欢。

米力得知我也喜欢宝马，很是高兴。兴致勃勃地夸奖雪儿：雪儿是一匹神马，跑起来能追风。它跟着我师父——金刀大夫，走遍了卓尼地区的大沟小溪、高山险峰、悬崖峭壁上的古栈道，不仅能救人，而且善于避免危险。老马识途，这一路住宿的地点全部由雪儿安排。

它的神奇，你慢慢地就会知道。

刚开始坐在马车上，很是兴奋。我说："雪儿是一匹宝马，但是它是白马。听说当地出产赤兔马，关云长骑的，能看到吗？"

米力略微沉思："赤兔马？不在我们这一块。在靠近兰州的地方，叫什么名字我记不清了，我师父知道。传说古代的貂蝉和赤兔马是出自同一个地方。我们那儿崇拜白色，像雪儿这般的宝马，可是万里挑一的主儿，难得的很！"

我又发现了一个问题："哎，米力，你怎么穿着汉族的服装？"

"我们平常的日子就穿汉服。在重大节日和民族的传统活动时才穿藏服，还有藏靴。"

我发现米力跟我聊天时，眼睛不曾离开雪儿，很是紧张它，格外器重它，就像是生杀大权掌握在雪儿手中。我有了新问题："你认识路吗？"

米力诚实地回答："跟着我师父走过一回，记不清了，全靠雪儿引路。"

我心里一惊，忙问："米力，你多大了？"

他干脆地回答："十六岁！"

听了他的回答，我的额头渗出了冷汗，心想，这下惨了，只走过一回路的十六岁小伙儿和一个从未离开家的十八岁大夫，千里迢迢地到柳林，说仅仅有一点担心是假的。但是，事已至此，只能硬着头皮往前了。为了分散一些担心和不安，看着马车外湍急奔流的黄河，忽然有了勇气，也是为了调节气氛，我找话说："哎，米力，你吃过黄河鲤鱼吗？"

米力的表情有一点复杂："我们那儿的人不吃鱼。但是我不仅见过鱼，而且还亲自养过鱼，后来放生了。师父跟我说，做任何事情要认真，比如，正宗的黄河鲤鱼有八十一片鱼鳞。我不相信，亲自用鱼兜抓了一条，养在一个特大的水缸中，数了几天才数清楚，确实是八十一片鱼鳞。服了师父了。"

马车颠簸地前行，坐得我有些迷糊。一阵嘶鸣后，米力招呼我下车休息，活动活动筋骨。我、米力、雪儿一同往河边走去，米力不忙着自己清洗，却先给雪儿刷着毛发。雪儿很享受的样子，我忍不住也想加入，雪儿躲过了。米力说："卓大夫，雪儿自尊心很强。它与你不是很熟悉，不会接受你的好意，你不要见怪。"

怎么会呢？以前在书籍中阅读到相关内容，戏词中也反复表演宝马和主人的亲密关系，认为是夸大其词，今天，亲眼所见、亲身经历，宝马是找有缘人！

3. 初见洮河

我站在河边，放眼望去，河面宽广、水流平稳，像是碧绿色的绸缎盖在大地上，薄暮的余光洒在河滩上，泛着金色的光芒，宛若金镶玉般的美丽。

难道黄河在这里改了秉性？我弯腰，双手舀起一捧水洗脸，顿时感觉清凉、提神。再次注视河面，习习的微风吹得绸缎起了褶皱，我仿佛看到河神在偷睡，被风打扰的直皱眉。

我问米力："这河……"我的话音未落，米力接道："洮河，它是黄河的支流，洮河汇入黄河的入口。"

我忙不迭地甩掉鞋子，赤脚跳入洮河，又连忙缩回双脚。河水是如此冰凉，只能用赤脚慢慢地适应水的温度，一步一步地来回走动，待脚发热了，索性站在河里，捡了一大堆卵石，独自欣赏，长的、短的、扁的、厚的、方的、圆的，颜色有黑的、灰的、淡红的，唯独没有绿色的。

米力和雪儿上了岸，米力不解地问我："卓大夫，你捡这么些石头有什么用处？"

"刻砚台啊！米力。"

"卓大夫，它不是砚石，是普通的石头，但是与脚下的细沙一样，在紧要时还能救人。"

我反驳："赵希鹄的《洞天清录》说得明明白白，临洮大河之底有绿石，可做砚。这儿不就是临洮大河吗？"

米力解释道："洮河是很长的，流经的地点不同，河流的名称也不一样，同一条河流有不同的名称。临洮大河之底的绿石能做洮河绿石砚的在卓尼。而不是这里。"

赵希鹄记载的没错，错在我的理解上。

"哎，米力，你给我讲一讲细沙救人是怎么一回事。"

"嗯，那是去年夏天，天太热，有人在河里游泳，不慎溺水，情况很危险。救人者已经将溺水者救到岸上，正在施救，将其脸朝下、趴在一块大石头上，想让他吐出肚内积水。师父、我和雪儿正好路过，师父立刻吩咐我捡一些干树枝，架起一堆火，火烧细沙，然后指挥热心人把溺水者从石块上放下来，脸面朝天，平躺在晒的温热的细沙上，师父将刚刚用火烤热的细沙，盖在溺水者的身上、面部露出一双眼睛、鼻子、一副耳朵，过了许久，溺水者轻吐了一口气，人救回来了。雪儿在我们不知情的情况下，在湿润的沙地上用蹄子刨出了一个沙坑，师父请热心人将溺水者移到湿沙坑，又大约一盏茶的工夫，溺水者的脸色好转了，剩下只要休息、静养即可。那一次，我知道了细沙的药用功能。"

我听说过，这是一个古老的方子，没有想到对溺水者暂时没有呼吸的症状十分有效。看来河边的石头、细沙，吸收日月大地的精华，它的作用，人类了解得太少。

米力也赞同："我师父常常说，世间万物都有用，只是作用不同，人们了解甚少。"

在岸边停留了这么久，米力和我再一次乘坐马车，雪儿带路，前往洮州厅投宿。

4. 莲花市

莲花市是洮州厅最大、最热闹的集市。它分为东花市、西羊市两部分。东花市主要经营日用百货、药材、茶叶、各类小吃。西羊市以交易牲畜为主。

东花市最吸引我的是各种吃食。光看招牌，烧烤类有烤肉串、烤羊腿、烤全羊等，炖肉类有专食骨髓的棒骨、黄焖羊肉、冬虫夏草老鸭汤等；点心类有馓子、麻花、油饼、油果子等；炒货类有炒黄豆、炒扁豆、炒白扁豆、炒瓜子等；饮料类有咖啡、奶茶、浆水、白扁豆汁……逛东花市时，各种中药材的气味随着肉香弥漫在街中，像黄芪、当归、党参、冬虫夏草、甘草、雪莲、灵芝、藏红花等，我这个生在长安、闻着中药味长大的中医，竟十分感慨当地人药膳的做法，被我视作极其珍贵的中药材，使用时很珍惜，而在东花市，它的用法如同家家户户厨房中的葱、姜、蒜！我惊讶的程度可想而知！

米力购买了一斤炒白扁豆和两小桶白扁豆汁，带我走进了一家专门经营"黄焖羊肉"的小店。店面不大，摆放有六、七张桌子，明亮、干净。看见我们进来，店家热情地招呼："二位师傅，坐靠墙的这张，行不"？说话间，左手提着一把有年头、精致的银壶，右手做着请人的动作同时走到桌边，我和米力刚刚落座，面前的银碗像是变出来的，只见店家高抬左手，银壶中的砖茶不偏不倚地倒入，茶汤不热不冷、浓淡相宜，入口后胃里顿时感到暖暖的，舒坦极了！喝茶的时候，店里的火炉子上放着一个紫铜的大茶壶，壶内的热气吹得铜壶盖噗噗作响，熬制中的砖茶香气扑鼻。

米力对我说："卓大夫，现在喝的是素茶，有一点咸，若是加入牛奶，则是奶茶。加奶不？"

"不用，米力，素茶就很好。"

"卓大夫，我点菜了？"

看到我点头示意，米力说："店家，来一份黄焖羊肉，另外加两份拉条子①、一份冬虫夏草鸡、一盘炒洋芋。卓大夫，行吗？"

"太好了！"我的话音未落，店家大声地、拖着长音冲着厨房重复一遍："一份黄焖羊肉加两份拉条子、虫草鸡、炒洋芋各一份！"转过身来："二位师傅，得等一会儿，一刻钟的工夫就好喽。"

米力："不急，慢慢做。做好一些！"

---

①　西北的一种面食。

店家："价①，你放心，天天做着呢！你们是下去买砚台的吗？"

米力说："不是，是买药材的。"

店家："不好意思，天天都有人经过这儿去买砚台，我以为你们也是。"

我兴奋地追问："这里能买到洮河绿石砚？"

店家回答我说："师傅头一次来吧？这儿是茶马道的必经之路，做买卖的人，经常用易货的方法得到砚台。"他用手一指街面："大部分人都随身带着一两块砚台，紧要时当钱花。"

"我刚才在东花市转了一遍，没有看到卖砚台的呀？"

店家解释："这你就不懂了。砚台在这儿，就像是铜钱、金元宝，珍贵得很，哪有摆在当街的？"

我将信将疑，看着米力，米力点头："说得对着呢。"

一声吆喝："黄焖羊肉、虫草鸡、炒洋芋来了！"

正如我刚刚感慨的那样，名贵的中草药，等同葱、姜、蒜。黄焖羊肉的配料有黄芪、党参，小麦做的面食去火、营养，冬虫夏草鸡，名副其实，炒洋芋还加入了当归，所选的药材极大地提升了食材的味道，而且适合高原的气候，搭配得相得益彰。

---

① 地方方言。

　　饭后，喝了一杯清水，米力招呼店家："换两杯热的红景天。"

　　我拦住米力："太贵了，没有必要。身体没有问题。"

　　店家说："要喝，不收钱，跟砖茶一样的。卓尼海拔高，第一次去的人有可能头疼，喝了红景天，头就不疼了。你们不仅要喝，一会儿走的时候还要带上些！"

　　米力弯腰："谢了，带着红景天末，用时熬一下就是。"

　　我一边吹着滚烫的红景天茶，很是惬意。随口问："店家，你有没有砚台？"

　　店家表情很是夸张："有哇！我自己还会刻砚呢？"

　　"能看看吗？"

　　"咋不能？我给你取去。"一边说着，人已经进到里屋了。

　　自从进入兰山道，意料之外的事情一件接一件，老话说得好，读万卷书，不如行万里路。这一会儿工夫，店家捧着一个红色包袱，准备把它放在擦得干干净净的饭桌上，又不放心似的，弯腰、侧脸、眯着双眼仔细观察并吹了一口气，确认桌面干净，这才得意扬扬地放稳，解开包袱，露出他的宝贝砚台。

　　精致、小巧的一方砚台——翠绿色的一个苹果，延伸在墨池的上方叠加了几层苹果树的树叶，隐隐约约可见一只可爱的毛毛虫，桃红色的皮子被保留下来，成为翠绿色苹果的一抹桃红，成长中的苹果。侧面刻有：乐趣。

"乐趣，瞧一眼，人就感到很开心。"我夸赞道。

米力说："卓大夫，这方砚台叫苹果砚。当地的习惯，是以形状来命名。料，是一块边角料。采用阳刻、阴刻结合的手法，苹果的立体感很强。"

店家也很高兴："我只会雕刻，不会设计、画线。这是张师①刻洮河绿石砚时，剩余的边角料，他知道我只会刻，因此，设计好、画好线，嘱咐我千万要留意皮子的处理，如果破坏了桃红色的皮子，苹果砚就不俏皮了。原本张师急需用钱，只需把原石给我即可，他还亲自设计、画线以后给我。张师，做事讲究，汉子一个！"

在东花市的"黄焖羊肉馆"，第一次，我亲耳听说砚台原石可以兑换现金使用，洮河绿石砚除了具备磨墨功能外，还具备额外的实用功能。

店家给我留下极其深刻的印象：热情、坦诚、好客。告别店家，我心中忽然涌出一丝丝的不舍，像离开亲人要出远门似的难以割舍。

---

①　在当地，把有本事的人，尊称师傅。相识的，姓加师傅，如张师傅，简称张师。

　　我和米力经过西羊市的时候，看到有人在卖羊。两个人的右手藏在衣袖中，嘴里说着"不行，加点"，"不能再加了"之类的话语，讨价还价。我觉得新鲜，驻足观看。终于成交了，两只羊，交换了一方砚台。

　　莲花市，砚台是如此的使用。文房四宝之一的砚台，竟可充当流通领域的货币。

　　赵希鹄得知会有怎么样的感想？文人骚客得知，又会有怎么样的感慨？在这个人群来来往往的莲花市中，到底有多少方洮河绿石砚在流通？

　　神秘，却随处可见，说不清的洮河绿石砚。

二　官村

1. 响亮、直白的地名

　　和之前一样，雪儿在前面带路，我和米力坐在马车上，我们沿着洮河一路向西，路上全是盘山道，盘上去、盘下来，开始的时候，我觉得盘山道路两旁的景色十分新鲜，东张西望，时间久了，一样的风景，产生了视觉疲劳，迷迷糊糊地睡着了。

　　雪儿长啸几声，我被惊醒。看到米力已经下车，我也连忙下了马车。雪儿在一块界牌前来回地行走，界牌上赫然写着两个大字：官村。

　　我伸出右手大拇指赞叹道："够气魄！多么响亮、

直白的地名！"

我问："村子在哪里？"

米力用手指给我看：前方的山谷，树林密布，依稀有炊烟升起，白色的金字塔似的屋顶错落有致，鸟叫声、流水声依稀可辨，"呦呦"的打招呼之声，乘着风儿断断续续飞入耳中。这个隐藏在山谷中的村子，恍如陶渊明的世外桃源。

我伸长脖子、踮起脚尖，希望看得真切些。

雪儿再一次长鸣，有一点激动的感觉。米力单腿跪地，左耳朵贴在地上，然后站起来，说："有人来了。"

果然，有一位壮汉快步地从山谷中走来。他有着国字形的红脸庞，大眼睛，双眼皮，他没有理睬我和米力，走过来直接抱着雪儿的脖子说："兄弟，又见面了。"

像是得到雪儿的应允，他转过身来，这才自我介绍："我叫多旺，金刀大夫的好朋友，欢迎来官村。"米力也自我介绍："我叫米力，金刀大夫是我的师父。这一位是卓大夫，从长安来的，要去见师父。叨扰！"多旺非常高兴："自家人，走，家走。"一边说一边轻轻地一拍雪儿："回家。"雪儿撒欢地往前跑，米力赶着马车，多旺大哥和我走在一起，我们进入山谷，今夜在多旺家中住宿。

山谷有小桥溪水，小溪上建有水磨，有人正在上面磨青稞，小溪边儿的老树昏鸦目送我们一行人快乐的身影。

进入多旺的家里寒暄一番后，我忍不住问："多旺大哥，咱们村为什么叫官村？有什么讲究没有？"

"卓大夫，是这么一回事。听老一辈人讲，这个村子最早不叫官村，是后来改的。后人也不知道原来的村名是什么。改叫官村，有两种说法：一种是希望年轻人好好念书，将来有出息，当大官；另一种是村里曾经出了许多做官的人，外村的人就直接叫这个村官村，本村的人也跟着叫开了。长期以来村名就被改了，先人们认可了，就一直流传至今。不过，我们村当官的人多得很，差不多家家户户都出官。"

我说："我觉得这样也好，直接立志，不必遮遮掩掩。"

2. 娃儿砚

我非常喜欢多旺家的小院，院子十分典雅，在院内的西北角，有一个不大的水池，水池里坐落着一座假山，是上水石做的。水池中的荷花正在怒放，假山上长有文竹，纤细的文竹组成松塔的形状，感觉有强大的力量在源源不断地释放。水池前有一张圆形石桌，配有六个石凳，每一只石凳的侧面都雕刻着神态各异的竹子。水池、荷花、假山、石桌、石凳，组合得超凡脱俗，让人赏心悦目。

　　丰盛的晚宴，消减了旅途的劳累。吃饱喝足后，站在假山前仰望天空，山谷中的星星明亮且繁多，北斗七星闪烁着最耀眼的光芒，骄傲地占据着北方的夜空。我感觉众星似乎离地面很近，便几次踮起脚尖，想要伸手摘几颗，但总也够不着。我沉湎在星星的王国里，米力和多旺大哥的对话将我召回到现实中来。

　　米力坐在石凳上，看多旺大哥在石桌上刻砚。我第一次亲眼见到砚匠雕刻砚台的工作场面，兴奋地坐在多旺大哥的旁边，有一大堆问题需要多旺大哥解答。

　　"多旺大哥，你的手艺跟谁学的？"

　　"家父教的。手艺活，吃饭的家伙，大多都是家传。"

　　"砚石是从哪儿得到的？"

　　"自己在山上挖的。大部分砚石石料来自水泉岩、碣仔岩、滨上岩等地。"

　　"你雕刻的砚台是什么砚？"

　　"娃儿砚。"

　　"雕刻的都是娃儿？是什么样的？"

　　多旺大哥不解地问："什么样的娃儿？"

　　米力替我回答："多旺大哥，洮河绿石砚是以雕刻的具象物体来命名，卓大夫见过苹果砚。所以他认为娃儿砚雕刻的是娃儿。"

　　"噢，娃儿砚是特定的一种砚。有特定的含义。"

"请你给我详细地讲一讲。"我真诚地请教。多旺大哥放下手中的活计，娓娓道来。我听后，总结、归纳出几层意思：

第一，雕刻砚台的工匠，要教家里的男娃们刻砚。

官村刻砚台，每家每户都是家传的手艺。自古立下的规矩，都是传男不传女，不收外姓人做徒弟。雕刻，是家中男人们的活计，就像男人喝酒一样自然、平常。大人刻砚的时候，男娃们会在一旁练习，模仿雕刻砚台，天长日久，对石性就了解了，对石材也熟悉了，心中对砚台的热爱是真实的，刻砚是用心的。

第二，砚台要表现鸿鹄之志。

砚台表现的主题要有教育意义，鼓励娃儿们上进，成为有作为的人。常见的图案有梅、兰、竹、菊。各家有各自擅长的表现主题。多旺大哥擅长刻竹子，能把竹子挺拔、潇洒、节节高的气节表现得惟妙惟肖。就连假山上都种有文竹，供平时观察文竹的千姿百态。如果是刻竹子，就自己设计、落图。如果是刻其他的图案，则需要请其他砚匠帮忙设计、画线。

第三，砚台的款式规范。

娃儿砚的款式要求中规中矩，长方形，带盖，并对长、宽、高的尺寸制定了标准，但是，砚台石材是山上挖来的，都呈现天然形状：圆形的、椭圆形的、长方形的、菱形的等，要依照标准制砚，多余部分必须切除，不可避免会有浪费，所以，给石相面、尽可能地彰显原石的优点、达到款式的规范标准，是砚匠的真本事。

第四，体现砚台的实用性。

雕刻娃儿砚，要知道娃儿们的心理。娃儿们心急，研墨时，发墨要快。墨池的石质要细腻，要不易损伤毛笔，增加毛笔的耐用性。带盖的砚台，盖子要紧密，夏天的残墨不馊，其他季节的残墨不挥发。要有实实在在的功效。

总之，娃儿砚要有教育意义，教育娃儿们做人要有骨气、有作为、有真本事，言行要中规中矩。

我归纳的几点，得到多旺大哥的认可。娃儿砚就是要在潜移默化之中，教会娃儿们做人的道理。

第二天上午，村里的寺庙前有评论砚台的集会，多旺大哥邀请我和米力同去，我和米力欣然接受，而且都很期待。

天快亮了，我还是不想睡，想着山谷里的星星，舍不得离开这里。我希望官村的娃儿们，就像漫天闪烁的星星，日后大放异彩。

3. 砚匠的尊严

第二天上午，多旺大哥招呼我和米力一起去参加砚台集会。走在路上，多旺大哥介绍了集会的基本情况：

谁家雕刻了新砚，挑选一个日子，村里的人们都来评论，如同生了一个娃，热闹的跟过节一样。多才家族擅长雕刻梅花，今天的集会是评论他们家的新作——梅华砚台的专场。

集会地是寺庙前的一个高台，高台周围已经有许多人，都在翘首期盼。"来了，来了，是多才!"高台旁等候的人群发出了惊喜的声音。

只见一位三十多岁的汉子，纵身一跃，轻盈地站在了高台上。他弯腰行礼后，左手放在右手上面，左手心上托着一方娃儿砚，是标准款式的雪梅砚台，他在高台上绕了一圈，确认大家都看到了，便将砚台放在高台的一张茶几上，然后退在一旁。

多旺大哥小声给我讲解标准的娃儿砚的制式、尺寸。这方砚台采用镂空法，雕刻的是腊梅，腊月的红梅层次感强。

砚盖上的盖钮，雕刻的是在枝丫上逗留的一对喜鹊，突出了红嘴，像是发"叽叽"的叫声。

砚台的右上方有几只梅树，梅树枝丫缀满了大小不一的淡红、深红的花朵，左下方刻了落地的红花瓣，有分开散落的，也有三、五一堆儿，像是被风吹到一起的。

如果将砚台的盖子盖上，就是几朵竞相盛开着的腊梅，深红的是花蕊，淡红的是花骨朵，其中的一枝树枝上有一对喜鹊似在轻柔软语，它们相拥在一起，相互鼓励要战胜寒冬。被风吹落的红花瓣儿和自然脱落的花瓣儿洒了一地。

砚台的侧面刻有"学腊梅，多才制"的字样。

我听着多旺大哥的描述，体会着"只有香如故"的意境。

"构思巧妙，布局合理"，观看的人群中，传出一声稳健的话语。只见说话的人四十岁左右的模样，戴着一副金丝边儿镶嵌石晶镜片的细腿眼镜，身着白色绸衫、绸裤，知道大家伙儿都在听他说话，他接着说："砚台的石料是滨上岩旧坑①的料。玄璞②带有朱砂点，属于二等中品。相石得当，表现在构思巧妙、疏密适宜。巧妙在朱砂点的利用。比如，花瓣儿三、五一堆散落在地上，极其自然。错落有致的树枝，用朱砂点串起来的花骨朵、花蕊充满生命力，将红梅的傲骨和不畏严寒、早早报春的天性，表达得淋漓尽致，雕刻的手法采用镂空法，刀法娴熟，款式中规中矩，符合娃儿砚的标准，起名'学腊梅'，是一个立志的砚名。"

---

① 祁殿臣编：《艺斋瑰宝洮砚》，甘肃民族出版社 1992 年版，第 228 页。郝氏洮河砚石等级分志表。

② 墨色，古称玄璞。

听了这一番评价，我才明白，朱砂点是天然形成的，不是人为的，所以每一朵花骨朵才会不相同。第一次亲眼目睹由玄璞、朱砂点雕刻而成的"学腊梅"娃儿砚，深感幸运，我终于找到洮河绿石砚了。

那个稳健的声音再次响起："滨上岩旧坑料，石质细腻、耐磨。做成的砚台研墨时墨汁黏稠，夏天墨汁储存时间长久，冬天墨汁不结冰，保护毛笔。砚盖紧密，严丝合缝，工艺上乘，是一款好砚台。"

大伙儿高呼："多才，好砚！"

站在高台上的多才捧着"学腊梅"砚台，露出自豪的神情，他高高举起他的砚台，接受大伙儿的祝福。

白色绸衫的人说："散了吧。"众人弯腰后退，恭敬地让他先行，多旺大哥拉着我退后两步，使眼色告诉我不要讲话。

我领悟了砚台背后的东西。不管是富人还是穷人，只有在欣赏砚台时才是平等的，甚至被赞扬的，精神得到满足。

多旺大哥看出我的心思，说："娃儿砚面前无大小，砚匠在这个瞬间是被尊敬的。"

多才的"学腊梅"砚台集会散了，告别多旺大哥和官村的星星，我们继续向着卓尼方向追宝。

三　九殿峡

1. 洮河观鱼

九殿峡由九座陡峭的大峡谷组成，被当地人称为九殿峡。洮河在其中穿行。道路曲折惊险，十分难行，马车已经不能乘坐，全靠骑马或者步行。

刚开始行走，我还能跟上米力和雪儿的脚程，渐渐地就落在他们后面，洮河也隐藏起来。

在米力的一再坚持下，我骑在雪儿的背上，米力随行。山路实在太艰险，后来，我只能趴在雪儿的背上，紧紧抱住雪儿的脖子以避免被摔落在地，只感觉心、肝、肺都要颠散了。幸好脑海里不断地回忆"学腊梅"砚台的集会，分散了注意力。

寂静的大山，唯有雪儿的马蹄声，哒哒哒……

不知道过了多久，远处似乎有流水声，并且越来越大，越来越急，到最后忽然变成了轰隆隆的响声，如飞流直下三千尺的响声，洮河又出现了。

雪儿停住脚步，我从雪儿的背上滚了下来，站在地面上活动活动筋骨，尽管雪儿尽力保持平稳地行走，但不会骑马的我依然被颠簸得够呛，我心想以后还是不要骑马的好。

骄阳似火，满山的松树郁郁葱葱，树影像散落的桃花，和轻盈的风儿牵手，缓慢、开心地起舞……

米力站在我的上游，专注地盯着河面。

面前的洮河和入黄河时的洮河完全不一样，被大山挤得瘦了身，远不如洮州厅所在地的洮河宽阔、平静、温和，而是连脾气都变了：浪花飞溅、水珠乱窜，河里的鱼儿性子也变了，如同拼命三郎。

一群一群的黄鱼儿，发出巨大的"轧轧"声，争先恐后地往前游着，急促地张着嘴巴，为了展示金黄色美丽的躯体，快速地左右摇摆着尾巴飞起，垂直置留在空中，越过一个一个激流，逆流而上，隐身于暴躁的河流中。

我朝着上游大声喊："米力，快来看！"

米力扭脸伸出右手食指放在嘴边，做了一个"嘘"的动作，让我不要出声，然后，用右手食指指着河面，眼神示意我过来，见我走近了，轻声地说："黄鱼，会飞的鱼！很难遇见。"

我重新注视河面，说道："黄鱼，真的会飞！"

在跳跃急流的鱼群中，弱小的鱼儿在坠入河里的一刹那，被同伴强有力的尾巴反弹一下，借力越过急流跟上鱼群，而老弱的鱼在健壮的鱼的帮助下越过急流，看似拥挤的鱼群，竟是有组织的、相互帮助的，造物主真是神奇，金色的鱼儿，如此团结，互助互爱、同心同德地生活在一起，让我感动。

我觉得米力比我还要激动，他面颊红晕，眼神发亮，在山风的吹拂、阳光的照耀下，脸色越发的红润，显得神采奕奕。

"知道了，明白了"，米力拉着我的手，跳着说，见我不解，搔首解释道："师父平时教我学医、刻砚，总是重复'惟江上之清风，与山间之明月，耳得之而为声，目遇之而成色；取之无禁，用之不竭。是造物者之无尽藏也，而吾与子之所共适'这首诗，① 我今天终于领悟：刻砚要传神，像个什么东西要观察，学医也要观察，都要有原则。师父让我观察黄鱼，一种会飞的鱼，总算是见到了。无心插柳柳成荫，我领悟了刻砚台的方法，水的动态、树木的颜色、鱼儿的形态，以及整体的表现方式都了然于心，像以往那样就砚台而刻砚台是有局限性的。"

我从米力的话中，明白了他的意思。我也从苏轼的这段话里，体会到了什么，但有点说不清。

2. 九殿峡雕刻人家

雪儿驮着我，米力行走在旁边，我们不紧不慢地走在盘山道上。这一日，我们来到了九殿峡的第五峡。

---

① （宋）苏轼：《前赤壁赋》。

　　米力对我说："今天我们住宿的张师家，是贡品砚的雕刻师，雪儿和我都熟悉得很。"雪儿径直走到一座庭院前，长鸣三声。闻声而出的是一位健壮、魁梧的汉子，人到声到，他爽朗地高声说道："米力，雪儿，扎西德勒！"同时，他用手抚摸雪儿的脑袋，拍拍雪儿："自个儿吃黄豆去！"

　　我乘着他们打招呼，暗自观察：我一米七八的身高，和张师相比，他就是一面墙，他一米八六的样子，宽厚且非常结实，这样的人，是刻砚大师，而且是贡品砚台的大师，真有点不可思议，要与他同吃同住，令我有点恍惚，分不清是真是假。

　　不怕不识货，就怕货比货，张师家的石头库房让我大开眼界。库房里有许多货架，这些货架都是用松树木制造，形状像书架，库房弥漫着松香味儿。每一格放一块石头，这么多漂亮的石头，组成了绿色的石头世界，墨绿、深绿、浅绿、翠绿等，各种绿色都很润，鲜嫩得似乎要滴水，不敢掐，也不敢捏，一掐一捏就好像会留下一个坑似的。我留恋此间，总觉得看不够，情不自禁地用手抚摸了一遍又一遍。

　　在张师的客厅，米力称赞奶茶的地道与醇厚，我却全不知其味，思绪仍然在他的石头库房。张师知道我对洮河绿石砚知之甚少，又真心喜欢，于是笑称给我开蒙、普及常识，我欣然应允、洗耳恭听。他放下奶茶碗，一本正经地说，洮河绿石砚，要具备以下几个条件：

第一，对石料的产地有明确要求。历代土司家的矿坑，即喇嘛崖的宋代老坑，开矿、采矿的人员，都是土司指定的，分配给谁雕刻也是有计划的，保证原料的纯正。

第二，砚台的图案有专门的砚谱。砚谱中有各种吉祥图案，尤其以龙、凤砚最多、最重要。雕刻砚台的师傅要严格按照砚谱雕琢。

第三，雕刻完成的砚台上交给土司，土司验收通过后，所有权就是土司的。

满足上面三个条件的，才能称作洮河绿石砚——贡品砚。

我有一个新问题："张师，怎么留名呢？"

张师说："不留名，都是土司的贡品砚。但是，雕刻一方砚台，根据大小、难易程度，可以抵税赋，是公平的。"

我又提出一个问题："张师，你这么高的手艺，谁教的？"

张师："家传的。不仅传刀法，而且还要传图谱。有一点要格外强调，贡品砚图谱上的图案是不能雕刻在非贡品砚台上的，关系到砚匠的人品，是要遵守的职业道德。"

我接着问："张师，我一路走来，见到那么多的砚台，这些砚台都叫洮河绿石砚?"

张师回答："现在，许多人把洮河流域出产的砚台，都叫洮河绿石砚，真正见过洮河绿石砚的人毕竟很少。"

张师略一停顿，接着说："其实，除了土司掌管的喇嘛崖宋代老坑料以外，还有几个地方的石料也很好。比如水泉岩旧坑，明代的，属于一等上中，碣仔岩旧坑，属于一等中上，滨上岩旧坑，属于二等中平①等，这些石料自取自用，随意雕刻，并无限制。"

"噢，我明白了！碰巧我们在东花市的时候，见到一方题有'乐趣'的苹果砚，美极了！"

张师哈哈大笑："和你真是有缘。那是我刻的，当时急需用钱，换了铜钱了，在黄焖羊肉馆里，那是老坑边角料的苹果砚，严格地说，是不能叫洮河绿石砚的。"

张师谈兴渐浓，自报家中宝贝："我有一方碣仔岩旧坑老料刻成的砚台，不是贡品砚，有兴趣看否?"

我连声道："好，好"。米力也不住地点头："卓大夫，扎西德勒！卓大夫，扎西德勒！"

---

① 祁殿臣编:《艺斋瑰宝洮砚》，甘肃民族出版社 1992 年版，第 228 页。郝氏洮河石等级分志表。

借着张师取砚台的功夫，米力丝毫不掩饰兴奋地说："卓大夫，你真是一个福星。张师有一方关云长砚台，鲜为示人。今天沾你的光，我也有眼福了。"

米力兴奋的情绪感染了我，莫名的，我的心怦怦直跳。

张师回到茶几前的座椅上，打开一个黄色的包袱，轻柔地取出砚台，稳稳地将其放在茶几上。

第一眼，惊奇，炫目！这是一方玫瑰红色的砚台。洮河绿石砚是绿色的石材，颠覆性的红色石材十分罕见，不是亲眼所见，我是不会相信的。我用手背揉了揉眼睛，定睛观看：关云长身挎青龙偃月刀骑在马上，赤兔马前蹄腾空、昂首嘶鸣，赤兔马的身后雕刻"桃园"二字。

我的直觉告诉我，奇迹还会发生。果然，张师不知道什么时候把盛有大半盆清水的一个铜盆放在茶几上，再将砚台放进盆里。一刹那，玫瑰红色的关云长的脸面变得莹润、明亮，赤兔马像是刚从河里洗澡出来的，毛发带着水珠，欲滴而未落，好像一抖就会飞溅开来，太逼真了！

张师端起茶几上的铜盆，往屋子外面走。我和米力紧跟其后，也来到院子中。

此时，夜色已深，新月高悬，星星稀疏，万籁俱寂。只有蟋蟀依然叫着，铜盆被摆在院子中间的空地上，盆中清水静静的仿佛沉睡一般，新月在铜盆中一动不动，赤兔的前蹄已踏入月宫，马背上的关云长左手紧紧抓住马缰，直立着身体，似乎要同赤兔升天一般！

"神了，就像一本连环画册，太神了！"我不知道该说什么了。

米力说："大开眼界，长学问！"

我由衷地赞叹道："砚台还能这样欣赏。"

张师独具匠心，果然是雕刻贡品砚的大师，这称号真正不是白给的。我忽然想起一句话："山间美石与明月，目遇之而成色，是造物者之无尽藏也。"说给张师听，他掩不住的笑意荡漾在眉间，点头称赞："砚台除了实用性以外，还追求创意和精神文化的享受。"

张师擦干了砚台，细心包好，招呼大家休息。

这一夜，我躺在床上，透过窗格遥望星空，一弯新月像一抹甜甜的笑挂在天空，关云长威武骑马的神态和桃园的侠义精神伴我入眠。

第二天的清晨，告别了张师，我、米力和雪儿继续追宝。

3. 余庆酒肆

九殿峡的九座峡谷，个个风光独好！

六殿峡海拔最高、风光最美，素以道路艰险、天上人间闻名于世。翻越第六峡，如果不在峡之巅——余庆酒肆留宿，只能睡在原始森林。

第五峡还有路可以行走，进入第六峡，就看不到路了。只有羊肠小道和古栈道。

羊肠小道，是消瘦了的羊肠小道，被山羊的蹄子踩踏的露出了黄土，歪歪扭扭的在高山上，时上时下地来回，指引着上山的方向。有的时候，羊肠小道的倾斜度在60度以上，我跟着雪儿，手脚并用地往上爬，要面子的我坚持和米力一起步行。累得我不知道饥渴，连意识都变得模糊，终于，羊肠小道消失了，古栈道出现了。

眼前的古栈道，惊得我跌坐在地上，说什么也站不起来。古栈道年久失修，有一些地方原木断裂，这尚且不可怕，最令我胆怯的是，古栈道只有半丈宽，它下面万丈之深处，是湍急的洮河，流水声震耳欲聋，若失足掉下去，必定是鱼儿的美食。古栈道的一边是悬崖，一边没有栏杆，想在上面行走，必须紧贴悬崖，宛若蜘蛛。

坐在地上的我，一双腿直打哆嗦，站都站不起来，更不用说迈开脚步。退回第五峡，绕道去卓尼也不现实。

无可奈何，也顾不得面子，在米力的帮助下，我狼狈地骑在雪儿的背上，准确地说，是趴在马背上，我紧紧地抱住雪儿的脖子，闭紧双眼，不去看古栈道。越紧张，心跳得越快，越感到四周安静，大山的寂静能让我发狂、窒息。

　　我暗自琢磨，难道大山也惧怕洮河水吗？在这里，大山是如此慈祥、安静，全然没有阳刚之气，唯有洮河让人敬畏，她随挺拔、陡峭的大山同入云端，巾帼不让须眉，气吞山川，她豪放地大笑，笑声震耳欲聋，如雷母出行。洮河的威严、霸主的气势，一圈一圈地扩散开来，笼罩着万丈高山，高山低头让道，恭敬地目送威风八面的洮河。

　　像是经过了半个世纪，米力熟悉的声音在我耳边响起："卓大夫，可以下马了？"

　　我定定神，缓慢地睁开双眼，揉了揉，逐渐地看清楚四周，我又看到了树木，又听见鸟儿的鸣叫——高低、婉转、清脆、嘹亮。

　　我不好意思地下了马，抚摸着雪儿的头，感激地说："受累了！"雪儿长啸一声，前蹄交替地走了几个"原地踏步"，很得意的样子，又像是在嘲笑我的胆量。

　　我回头，跟古栈道打招呼告别。同时，我从心底佩服一年四季都要走古栈道的人们，他们的勇气实在可嘉。

　　我们又沿着羊肠小道行进了千米，来到第六峡的最高处。眼前是巨大的开阔地，好大一片黄土平原，余庆酒肆的红底金字绢丝招牌迎风飘扬，发出"呼啦啦"的声音，动听极了！

　　面前的彩虹大道，是一条大约8米宽、铺有鹅卵石子的道路，醒目、漂亮，向东西方向延伸，看不到尽头。它的路南，就是余庆酒肆的四层松木建筑。

我跑着，带头往彩虹大道奔去。前面一块醒目的大石头上写着："看路，前方有断涧！"

要到达余庆酒肆，断涧是最后的一道考验。

断涧大约一米宽。如果是平地，一迈步就过去了，可是现在是在高山之巅，下有汹涌的洮河水，我十分胆怯。雪儿让我骑在它的背上，抱住它的脖子，它退后几步，微微助跑，纵身一跃，稳稳地踏上了彩虹大道，待我下来，他便转身要去接米力。米力摆了摆手，他直视前方，助跑几步，有力地一跳，一下子头冲余庆酒肆、脚冲断涧、南北向的趴在了彩虹大道上。我扶起米力，他脸色蜡白，我安慰他："好样的！"雪儿围着他，一边转圈一边嘶鸣，似乎在说："好棒，好棒！"

高山之巅的道路为什么叫"彩虹大道"呢？我在猜测之际，欢呼声响起："彩虹，出彩虹了！"瞬间，彩虹大道上涌出许多人，他们整齐地望向西边：断涧的西头有跌泉飞流直下，它上方的雾气呈"一线天"形状，缭绕的雾气变幻成素面莲花，托举着七色彩虹，美奂绝伦！

米力说："凡是进山的人，敢于跳断涧者、跳跃成功者，才能居住在余庆酒肆。清晨，能看日出；傍晚，夕阳的余晖普照大地，常常有彩虹陪伴。彩虹是扎西德勒，进山、出山的人都希望彩虹保佑，吉祥如意。"

美丽的彩虹大道原来是这么来的。

"卓大夫，你看，美不美？"米力手指彩虹朗声问，不等我回答，又说："七色的，最全的、罕见的七种色泽，赤橙黄绿青蓝紫！最常见的是三、五种颜色。你太有福气了，七色哎，七色，太难得了，跟着你，总是能看到奇迹。"

无限风光在险峰。我站在九殿峡最高的峡谷第六峡之巅，沐浴着从彩虹大道的西边——跌泉上方，连绵不断飘来的白茫茫的细雨，温馨怡人。行人的行走好像都是踩在云里，感觉像腾云驾雾，个个是神仙。它的东边，是茂密的松树林，一眼望不到头，宛若松树的海洋。余庆酒肆左拥跌泉、右抱松海，青色石头砌成的四层藏式建筑雄伟地屹立在六殿之巅。

跨越断涧前，余庆酒肆的红底金字绢丝招牌就让我好奇。

余庆酒肆分为上下两部分。一层是饭厅，二、三、四层是卧室、客房。米力给雪儿洗漱去了，我独自来到饭厅，饭厅太有特色了，陈设的桌椅全是一水儿的松木，且是纯手工打造，明代家具的风格，简洁、典雅、古朴、大气。

我挑了一张靠窗户的桌子坐了下来，等米力。

　　我们还未曾赏尽夕阳的余晖，急性子的星星就领先月亮抢占了天空，星星与太阳共舞，谁比谁亮？酒肆的四周，松树的枝丫做成的火把映红了六殿之巅，似乎想要问星星和太阳，是谁更加明亮？

　　没有来这里之前，我认为，洮州厅管辖之地应是一个比较荒凉的地方，只现牛羊的地方。一路上的所见所闻，不断地修正我的认识，增长我的知识。风景的美好，物品的丰富出乎我的意料。尤其是余庆酒肆的陈设、物品，处处弥漫着浪漫的情调，文人情愫随处可见，最让我难以忘怀和痴迷的是桦烛与美酒。

　　米力回来了，边坐下边问我："卓大夫，你怎么不点蜡？"说话的功夫，米力手指了指饭厅的柱子、墙面，那上面插了许多自然卷着的红色树皮，米力用火镰点亮了桦烛，接着说："在卓尼有屋内点桦烛照明的习俗，不知道你喜欢不？"

　　我瞪大了眼睛，以为听错了："桦烛，这里有桦烛？"

　　米力被我的语调和表情吓了一跳："是桦烛。柱子上和墙上的都是，卷着的红色树皮就是。"

　　我站起身来，走到柱子处，吹灭了一根桦烛，拿在手中坐回饭桌前，闻了又闻，看了又看，不敢相信能亲见桦烛。

　　我给米力解释，古人将桦树皮卷蜡，代烛。有陆游

《剑南诗钞·雪夜感旧》诗为证：

> 江月亭前桦烛香，龙门阁上驮声长。
> 乱山古驿经山折，小市孤城宿两当。①
> 晚岁忧思事鞍马，当时那信老耕桑。
> 绿沉重锁俱尘委，雪沥寒灯泪数行。

陆游是南宋诗人，千年前在两当用桦烛照明，作诗抒怀。千年后的我在六殿峡之巅，不仅见到，而且用上了桦烛，兴奋之情难以言表，物随心境而变，我完全体会不到乱山、孤城、寒灯泪数行的滋味。

米力体会不到我的喜悦，他认为这是最平常的东西，说我是大惊小怪。他向我介绍桦烛的做法：在卓尼的高山密林中，生长着众多的百年红桦树，其树皮具有蜡质，干了就会自然卷起，卷好的树皮就是桦烛，使用时点燃即可。燃烧时香气随之发散开，可照明，还可驱虫。桦烛的香气和松枝火把的香气最相宜，复合香气沁人心脾。一般来说，屋内点桦烛，屋外点松枝火把。这在当地是最平常的事情，天天都用，我却当个宝贝。

米力看我十分高兴，对我说："卓大夫，你高兴归

① 两当，地名。今洮州厅管辖之地。

高兴，但是要记住，在余庆酒肆吃饭，不能点酒，这
是规矩。"他看了看周围，在我耳朵边儿说："这里就
两种酒，白酒和葡萄酒。白酒是横川烧酒，葡萄酒是
玉门关的古老的自有秘法酿造。先上横川烧酒，饭后
上葡萄酒。"

　　余庆酒肆的主人——冷蕊，她拥有高挑的身材，行
事周到、得体。她托着一个酒盘，酒盘上面有一把酒壶、
两只小酒杯。酒盘、酒壶、酒杯都是白色，有少许一丝
一丝的绿色线条，透明，像玉一般。她优雅地将酒盘放
在我们的桌上，似冰美人般转身离去。

　　米力告诉我："这里的酒具是祁连山的一种玉石制
成，颜色很多样。冷蕊只选择透明的带有一些绿色线状
的纹路的玉石，来制作横川烧酒的酒具。另外，葡萄酒
的酒具叫夜光酒杯，简称夜光杯，是酒泉出产的一种玉
石，以墨绿色闻名于世。冷蕊为了与他人的酒杯相区别，
特意选择了一只墨绿色带有雪花点的，雕琢十分精细，
用它来盛葡萄酒。晚一点我们能看到。"

　　说话间，冷蕊再次走到我们桌前。她拿着一个大肚
子形状的乳白色的瓷瓶，上面画有唐朝武则天女皇肖像，
题写着"横川烧酒"四个字。一行小字，意思是横川烧
酒是武则天女皇的最爱，唐朝开始酿造，延续至今。

　　一双玉手，纤纤细指，拧开了乳白色的瓷盖，就势

将瓷盖在我和米力的鼻子前晃了一圈，香气扑鼻。冷蕊挥手，像扇扇子，香气逐渐扩散，她深吸一口气，又摇了摇瓷瓶，瓷瓶内的香气随之溢出。冷蕊赞叹："是老手艺，老窖出来的。"随后，她稳稳地托住瓷瓶底儿，绿色似蜂浆一样的酒水一滴不洒地倒入酒壶，她告诉我们三分钟后饮酒，酒壶的壶壁不挂浆。

　　白色的酒盘上，有装有绿色美酒的酒壶，还有两只白色的酒杯和一个大肚子乳白色的瓷瓶，与饮酒者红色的嘴唇一起，构成一幅画：静态的是绿色与白色的搭配，高酒壶与低酒杯的黄金比例；动态的是饮酒人的红唇，与绿色、白色巧妙辉映，酒中的滋味自有会意。红烛下的红唇与绿酒给劳累一天的人们带来了安慰，谁还会不好好报答大自然呢？

　　横川烧酒的甘醇已经令我陶醉，葡萄酒能带来怎样的惊喜，很是期待。

　　正如米力所说，葡萄酒是在饭后，但是，地点是在户外。

　　余庆酒肆门前的彩虹大道有长条石桌、长条石凳，是露天喝葡萄酒用的。长条石桌上摆放着大罐的葡萄酒和坚果，坚果有松子、核桃、瓜子等。与横川烧酒的酒具相比，葡萄酒的酒具简约了许多。两只夜光杯是仿青铜器酒樽的造型，酒红色的葡萄酒盛满了夜光杯，我和米力分别坐在长条石桌两边的石凳上，品酒、谈天。

　　浓郁的葡萄酒的果香味道，引来了灵动的松鼠，它们磕了些许松子，飞快地隐身在彩虹大道旁边的松树上，松鼠漂亮的长尾巴倒挂在树枝上，不停地摇晃着身子，大眼睛盯着你，顽皮而友好地围着你转，即近即离，好不开心。

　　一樽又一樽，月光照着墨绿色镶嵌雪花的酒杯，琼浆玉液的葡萄酒似夜明珠般照亮黑夜。松树林海回应山风的关怀，松树叶组成的合唱团再现古战场的保家卫国的战争画面：出征前的众将士，与亲人把酒祝凯旋，借"葡萄美酒夜光杯，欲饮琵琶马上催。醉卧沙场君莫笑，古来征战几人回"① 表达决心。合唱团的战鼓敲响，千军万马已经出发，马蹄声声声不断，嘶鸣声声声不绝；战士们的喊杀声震耳欲聋，入侵者丢盔解甲、狼狈逃窜的求饶声似蚊虫；打了胜仗后的欢呼声，数峰齐合，余音绕耳不绝。壮哉，勇士们！美哉，夜光杯！

　　第二天晌午时分，我才走出梦幻般的葡萄酒的战场。

　　余庆酒肆新来的客人，虔诚地祈祷七色彩虹的出现。我、米力和雪儿，珍藏七色彩虹的祝福，继续前行追宝。

---

　　① （唐）王翰：《凉州词》。

四　真味药庐

1. 金刀大夫

走过了六殿峡的古栈道和断涧，现在的道路尽管依旧崎岖，但我都能如履平地，米力和雪儿更不在话下。

真味药庐位于柳林的宝石口，它的掌柜——金刀大夫，在当地是个名人，雪儿是金刀大夫的坐骑，也非常出名，很受人们喜爱。

接近宝石口的真味药庐，将要见到素未谋面的金刀大夫，我有太多的好奇，忍不住向米力打听他的师父——金刀大夫的信息。

我说："米力，你师父是个怎么样的人？"

米力简单而直接地回答："大好人！"

我再次说："米力，你详细地说说，他是怎么样的好法？"

米力为难地说："卓大夫，我不会讲。"看到我有些失望，他忙说："我给你讲一讲拜师的经过。"

我点头如同捣药："好，好，快讲。"

米力一边走，一边回忆。我刚开始是想跟师父学习雕刻砚台的手艺的，但是，一不沾亲，二不带故，师父不收我。我在真味药庐求师父，师父说，按当地的习俗，刻砚是家族式的传承，非亲人不传，传男不传女，他不能破了规矩。我一着急，病倒在真味药庐，师父治好我的病，见我依旧很执着地想刻砚，就对我说："刻砚我不能教你。但是，你跟我有师徒的缘分，你也是一个学医的苗子，我可以教你学医。"学医？我压根不敢想。听了师父的话，立马就叫"师父"，给师父敬了三杯茶，正式的拜师仪式是后补的。

我插话："那你雕刻砚台又是怎么一回事？"

米力："卓大夫，你不要着急，我慢慢说给你听。"他拍了拍雪儿的脑袋，我和米力就地休息，雪儿不知去向。

米力接着说："没有过多久，师父对我说，你现在已经是我的徒弟了，还愿意学习雕刻砚台？"

我不理解："师父，你不是说不能破坏规矩吗？"

师父解释："以前你名不正言不顺，现在你是我的徒弟，人人都知道，就不能算是破坏规矩了。"

"师父挑选了良辰吉日，邀请了见证人，举办了隆重的学习砚台的拜师仪式，补办了学习医药的拜师仪式，大伙儿恭喜师父双喜临门，我也有了两个身份：医徒、砚徒。我的师兄——西米常常叫我'医砚徒弟'。"

从米力的讲述，我听出来了：金刀大夫不仅人好，而且十分智慧。米力也赞同："后来，我才明白师父的难处和良苦用心，所以，在学医、学砚的两个方面我都非常努力，想着千万不能给师父丢脸。"

天色渐晚，米力说今夜住在桥道，过了桥道就到宝石口。

2. 桥道夜宿

又行走了一盏茶的工夫，听到了流水声，洮河上有一架简易桥，这是一架没有扶手、由几根绳索组成的摇晃的吊桥。在吊桥的桥头立有一块牌子，上面写着：桥道。

我们两人走上吊桥，看到雪儿和一位陌生人站在吊桥的另一头，等候多时的样子。尽管晃晃悠悠的桥令我恐惧，我还是故作镇定地极力适应吊桥摇晃的节奏，做出轻松的样子往前走。米力是怎么过桥的我全然不知道。我前脚走过了桥，米力后脚也到了。

雪儿先走了，来人自称多杰。米力自报家门并将我介绍给了多杰。多杰说："雪儿带来的朋友错不了，今晚就住我家。"

一走进多杰的家，三杯盖碗茶已经摆放在桌子上。道谢后，我端起盖碗，掀开碗盖，大枣的香味迎面扑来。我一边香甜地喝着碗里的姜枣茶，一边发问："多杰，怎么不是奶茶？"

多杰说："卓大夫，担心你喝不惯奶茶，特意准备的姜枣茶。"

　　我很受用姜枣茶。米力说："多杰，很好喝。怎么熬制的，我能学学吗?"

　　多杰得意地哼着小曲："登个哩个隆……就是你的师父教我的方子。"

　　米力说："我怎么不知道呢?"

　　多杰又哼了一句"登个哩个隆"，才说："我认识金刀大夫的时间很久了，雪儿与我也是好朋友，那会儿你还没有拜师呢。"

　　米力哎呦一声，连忙站起身："你是我师父的朋友，我得叫你叔。"

　　打米力师父这儿论，我也跟着长了一辈。米力对我仍然沿用以往的称呼——卓大夫，而我改口称呼多杰为多杰大哥。

　　我们仨聊天的时候，多杰的母亲——一位慈祥的老人家，忙前忙后，亲自张罗做饭，我和米力感觉不安，向多杰提议："咱们自己来，不要让老人家受累。"

　　多杰摆摆手，小声对我俩说，只要是金刀大夫的朋友来家里，老人家一定要亲自做饭。

　　在我和米力的坚持下，老人家答应晚饭简单些："那好，天热，晚饭在院里吃。你们把院子里的桌子收拾一下，洋蜡摆上，顺便榨点罂粟籽油。"

　　领命来到院子中，仔细观看才发现多杰大哥院子里的饭桌十分讲究。圆形的石桌能同时容纳 10 人就餐，很气派。在石桌的桌面中心竖立一个玲珑宝塔状的蜡烛台，它是由藏银制作的，一共五层，共 15 个蜡台：第五层 5 个蜡烛，第四层 4 个蜡烛，第三层 3 个蜡烛，第二层 2 个蜡烛，最上层 1 个蜡烛。桌面的周边凿有 4 个小洞，以备流水之用。圆桌的侧面用阴雕的手法，雕刻了一棵茶树和一个孩童，茶树的树枝上镶嵌有朱砂、砗磲、绿松石、珍珠，孩童身背一个葫芦，在树下弯腰捡拾老茶树落在地上的树叶。

多杰将 15 支红色洋蜡分别放入 15 个烛台，一一点燃，火红的烛光使玲珑宝塔富丽辉煌，银树火花喜气洋洋。仨人的心情也似红蜡烛的红色火焰般温暖、热烈、敞亮。

多杰大哥左手扶着石桌桌面上的石碗，右手握住石杵一下一下杵着罂粟籽，伴着"登个哩个隆"的节奏，清亮的罂粟籽油沁出了……罂粟壳是一味中药，我是知道的，但罂粟籽油能吃，我是第一次听说并且是第一次看到。

老人家来到桌前放下手中的一只大碗，碗中的稠状的透明液体，散发着一种奇特的花香，淡淡的、不间断地、一阵阵地袭来。转身时拿走了刚刚榨好的装有罂粟籽油的石碗。

米力询问："叔，这是什么？"

多杰大哥："这是罂粟花蜜，具有解酒、养胃的功效。平时，罂粟籽油、罂粟花蜜十分珍贵，我们吃不着。重大节日、重大活动的场合，重要客人及其亲朋好友来了，母亲才舍得拿出来，你们有口福。"

老人家烧的晚饭，搭配得极好：一盘凉拌柳花，一盘清蒸黄河黄鱼，主食是罂粟籽油烙的大麦面的萝卜馅饼，配有横川烧酒、罂粟花蜜。

老人家和蔼地告诉我和米力："我在旗，从小就吃罂粟籽油炒的饭菜，喝罂粟花蜜，它们是上好的食材，对健康有益。大烟则不同，害死人，万万不能接触。喝完烧酒，记住要喝蜜，解解酒。"

我觉得脸颊发热，一直以来，罂粟籽油、罂粟花蜜、大烟在我的概念中是一回事，全是有害的。今儿听了老人家的话，觉得臊得慌。红蜡烛的烛光遮掩了我的窘态，我故作无事，询问多杰大哥与金刀大夫的友谊。

一边吃，一边聊，知道了多杰大哥和金刀大夫的故事。

大概十年前，多杰大哥的工作是从朱砂中提炼书写和作画的颜料，有一次不小心，水银中毒了，命在旦夕。当时金刀大夫在桥道给他人诊病，多杰的母亲亲自请金刀大夫来家治病，路上行走匆忙，摔了一跤，手、脸都划破了。幸亏金刀大夫抢救及时，才保住了性命。脱离危险后，金刀大夫又观察了一些时日，在这期间，金刀大夫教会了多杰大哥一些关于朱砂方面的知识。如：

辨认朱砂的方法。有种朱砂不仅可以入药，而且可以当作写字、作画的颜料。还有一种朱砂，只能制作颜料，不能入药。

提取、储存朱砂的方法。朱砂中含有水银，水银满足一定条件是剧毒。分离出来的水银要用茶叶收之，储存在葫芦内，不会外漏。

药效。朱砂可以治病，尤其是治疗疤痕。金刀大夫用轻粉加姜汁涂抹老人家脸颊上的疤痕，同时让她内服一些中药，不久，老人家的脸颊便痊愈了，疤痕消失了。

多杰说："我很高兴，老人家也很高兴，要不然我会内疚一辈子。"

从那时候开始，多杰大哥一有空，就会跟随金刀大夫上山采药，认识了许多的药材。另外，也学会了一些烹饪汉人食品的方法，姜枣茶就是其中的一种。

我和米力明白了，多杰神秘地说："罂粟花蜜解酒养胃，但是去不掉身上的酒气。还有更绝的，金刀大夫有一种白色粉末的药物，用水调成糊状，喝下去后，立刻酒味全消，一丁点儿也闻不出来，就像没有喝酒一样。我也是只喝过一次，感觉太好了！可惜我不知道是怎么配的。"

老人家重新点燃 15 支红蜡烛，直接放在已经燃尽的红蜡烛上。又将 4 支冒着青烟的细长的树枝分别插入圆桌的 4 个流水孔内，她微笑着，掩不住的爱意从双眸中流淌，欢喜地逐一看了我们仨人一遍又一遍，然后返回房间休息了。

我知道，那飘着袅袅轻烟的是樟树的树枝，是一种香料科的树种，能驱虫，气味柔和，不是呛人的那种，淡淡的，很是宜人。

米力不知道这是什么树散发的香味，问："叔，这是什么树散发的香味？"

多杰说："樟树，樟树的香味。"

米力很是惊讶："樟树，卓尼不都是松树吗？"

多杰说："刚开始我也不认识。听金刀大夫讲，樟树是外来树种，本地没有此树种，他猜测是迁徙的候鸟落下的种子，碰巧存活了。"

多杰进一步说："卓尼是藏语的叫法，汉语的意思是松树。在卓尼，间或有一些其他树种，也不一定是南方的树种。之前发现了一棵樟树，已经被砍伐了，分给大伙儿。我分到一块砧板和一些细树枝。金刀大夫告诉老人家，樟树做成的砧板，不长虫、去油腻、易清理，所以，荤腥的食物就使用此砧板。细树枝被老人家掰成数段，分别放入衣橱，防止衣服、被褥被虫蛀。"

米力说："叔，樟树有这么多的用途，怎么发现的?"

多杰看了看我，又看了看米力，慢吞吞言道："想知道?"

我俩异口同声地说："不想知道。"

多杰忍不住说："你们俩人求求我，说想知道，行不?"

我俩还是摇头，说不想知道。多杰自己下台阶："我还是告诉你们吧。"我和米力同时说："登个哩个隆"，仨人同时笑起来。

多杰回忆："大概十四天前，金刀大夫来到家里，我给金刀大夫当助手，制作轻粉和书写字画的颜料，邻居到家里报信，有人从断涧处掉下去了，冷蕊已经组织住店的人到河岸附近寻找，得知金刀大夫在桥道，请先生帮忙。先生二话不说，拎起药箱，出门时，嘱咐老人家千万不要进入制作轻粉的药房，避免中毒，保持药房的现状，等我们返回再处理。交代完后，金刀大夫骑着雪儿一阵风似的不见踪影，我也紧跟其后，策马飞奔，第二天，我们来到余庆酒肆的断涧处。据冷蕊介绍，已经第三天了，还是没有找到，沿着河边上游、下游来回几趟，就是不见踪影。先生站在断涧处，往下观看，过了一阵，手指河边的一棵树，说：'多杰，看到那棵树了吗？秃鹰在它上方盘旋，还未曾俯冲，有救。'"

"我带着几个人绕到崖下，一边往出事的那棵树赶，一边朝空中放枪驱赶秃鹰，担心秃鹰把人叼了去。赶走了秃鹰，来到树下，众人目瞪口呆：树套树，小树长在大树里。隐约有一人头冲下，身体卡在树上。"

"找到了，找到了，众人一起欢呼！金刀大夫赶到树下时，人群纷纷指着树说，在那呢。先生抢先一步爬上树，一会儿喊道：'多杰，带两根绳索上来，其他人在树下接应。'稍后，先生和我用绳索将伤者缓缓放下，树底下等候的人们托住他，再轻轻地放在地上。先生下到地面，仔细检查了一遍伤者的伤势，伤者没有大碍，以外伤为主，恐怕要留下残疾。目前的昏迷是惊吓所致，几天没有吃喝，再加上失血，有些虚弱，调理几日就可以恢复。大家伙儿庆幸过后，有些不明白。先生在河边用石块垒起一个灶台，烧一大锅水，等水加热的功夫，给大家解释：'大树是松树，你们都认识。小树是樟树，咱们这儿没有，估计是候鸟迁徙时，排出的樟树的种子恰巧寄生在空心的松树里，松树的根系还活着，部分松树的枝叶也活着，樟树依靠松树的养分，一点一点长大，变成了现在的样子。'说话的功夫，大锅的水烧热了，先生安排多杰和另外两个人清洗伤者，其他的人去砍樟树。"

"我在清洗的时候，不解地问先生：'以往在野外若有刮伤，不立即止血的话，血腥味很容易招来食肉动物的追逐，况且是在昏迷状态，他竟然没有被吃掉，是什么原因？'先生解答了谜底：'两次缓冲起了作用。第一次缓冲，伤者从断涧摔下后，直接落在樟树的枝丫上，有一根树枝斜插进他右腿的小腿肚子，从右脚跟的筋腱处穿出，经脉断了，但是，减缓了下冲的力量。第二次缓冲，是树中树的作用。樟树阻挡后，落在松树上，松树树枝强而有力，支撑了伤者的身体，这才是大家伙儿看到的脸冲下的倒挂姿势。有了两次缓冲，保全了性命。樟树有驱赶虫子的功效，他没有被其他虫子二次伤害，肌肉没有腐烂，秃鹰盘旋数圈，是伤者未死，假如是假死亡，秃鹰也不会啄食。'"

"清洗完毕，大家伙儿散开，阳光照在伤者的身上。先生从药箱中取出一些类似于羊绒状的东西，放在伤者的膻中穴，又从怀里掏出一个鸡蛋般大小的火齐珠，红彤彤的火齐珠被先生捧在右手的手心，迎着太阳，依靠反射光，将膻中穴上的药物点燃，缭绕的烟雾缓慢地散开，一盏茶的工夫，伤者苏醒，众人再次欢呼，一方面庆幸伤者脱离生命危险；另一方面称赞先生医术高明。"

"负责砍伐樟树的人们，已经将樟树连根拔起，松树有些损伤，恢复元气需要一些时间，但是不会危及生命。先生交代樟树的处理方式：树根部分，待其晒干后，碾成粉末，混入其他药材，可以制成线香。树干的树皮挂在屋外，自然风干，它的气味起到防止蝇虫扰人的作用。树枝分割成数段，放入衣橱，可防虫蛀。树干用于制造砧板，长 30 厘米、宽 17 厘米、高 2 厘米的砧板，由多个窄条，使用构树汁粘成。樟树砧板最大的特点是去除腥味、解油腻，切牛、羊肉等肉质食物最相适宜。另外，樟树砧板本身不长虫，不会霉变，防止有害细菌的滋生。树叶晒干后掰成碎叶，加入其他香料，可以制成香囊的填充物，佩戴在身上。说明白以后，大家伙儿分头做事，我和其他三个人，用简易担架将伤者抬到我家治病，所以，就有了你们俩人现在闻到的味道。"

米力又问："叔，后来呢？"

多杰接着说："回到家的第二天，伤者能说话了。从他的口中得知他的名字叫卢广，他要去四川，途经断涧，因为恐高，迈步时心里一害怕，摔下去了。"

米力说："叔，我是问我师父呢？"

多杰回答："带着卢广回真味药庐了。"

多杰补充说道："我在跟先生学习制作轻粉、提炼字画颜料时，多次对先生说，我看卢广是一个新式人，剪了长辫子、留着短发的那一种。我跟他不投缘，感觉他眼睛不明亮，说话总是低着头，不看人。但是，先生却说，卢广可能是右脚跛了，心里不舒服，走路一颠一颠的，过一阵子就好了。"

聊得投缘，不知不觉，红色的洋蜡只将幸福的泪水留在玲珑宝塔的 15 个蜡台上，樟树枝的灰烬留在了地上。东方出现了第一缕霞光。多杰大哥的话语，激起我对金刀大夫的极大好感，期待早日相见。米力眼见宝石口近在咫尺，也是归心似箭。我们叨扰老人家整宿不得安宁，想悄悄离开。没有想到，多杰母亲已经亲手煮好了奶茶，端到我们三人面前。一直喝到圆圆的太阳升得老高，大山里的雾气散尽，才允许我、米力和雪儿离开，并坚持让多杰送我们到宝石口的真味药庐。

3. 真味药庐

从桥道的多杰大哥家中出发，雪儿一如既往担当向导，走到一个三岔路口，雪儿不见踪影，多杰大哥和米力同时说，直直地走。我认为他们两个人认识路，多杰大哥说："我们俩确实认识，但是假如岔路口需要拐弯儿，雪儿会驻蹄等候，直走雪儿则不会等候。"我心中暗自赞叹：通晓人心的神马。

我感觉就要到了，心里一阵忐忑。道路两旁由松树组成浅绿、深绿的风景线，空气中飘来的松子芳香的气息，我看不见、闻不到，好似失去感觉，我怀着忐忑的心情，机械地迈着步伐。

五月二十八日，我们来到一处开阔的平地，雪儿撒欢似的冲着一个院落高亢地鸣叫，迈着小碎步、优雅地原地踏步，米力对我说："到了。"

　　紧闭的大门上方悬挂着一块长方形的紫檀木匾额，匾上题有錾金工艺的四个金字——"真味药庐"。随着大门分左右两扇打开，一位年轻人稳健地走出来，米力高喊"师父"，迎面扑了上去，多杰大声说道："先生，扎西德勒。"同时搂住了来人的右膀，雪儿伸长了脖子鸣叫，年轻人用右手抚摸雪儿的脑袋，左手拍了拍米力的肩膀，用磁性的声音夸奖道："好样的，没有给师父丢脸。"同时，又对多杰点头示意："扎西德勒。"

　　我站立一旁，感觉自己很多余，我咳嗽一声，米力显得有些不好意思，对我说："卓大夫，这位就是我师父——金刀大夫。"又对金刀大夫说："师父，他就是长安的卓大夫，你让我在兰州接来的卓大夫。"我取出举荐信双手递交给金刀大夫，他没有立即拆开，而是牵着我的手，热情地说："先进屋，慢慢地聊。"简短的一句话，扫去我一路上的艰辛和疲惫，一种久别重逢的感觉油然而生，喜悦和舒畅遍布全身。

　　多杰、米力和雪儿各自忙碌去了。金刀大夫独自陪伴我进入院内。我打量着金刀大夫：一位典型的西北汉子，高原的紫外线使他面色红润，高原的风沙塑造了他刚毅、直线条的脸庞，笔直的鼻梁，深邃的双眸，清秀的蚕眉更增添几分柔情。举手投足是风流浸染，说不尽的书卷气，神态不怒自威，这些特质完美地集于一人之身。我情不自禁地感慨：谁道西北高原皆是沧桑之面孔！

真味药庐是一个三近院。前院有正房一间，东、西厢房各三间。金刀大夫信仰佛教，平日吃斋念佛，为了时时提醒自己，将东、西厢房取名禅房，便于修禅悟道。中院是药房、墨房、书房、书砚房。后院是雪儿宿舍、仓库、厨房。

前院东禅房的房门对着一棵硕大、古老的松树，长成莲花形状，我称呼它为莲花仙子，金刀大夫也赞同。树下有一块用砚石雕刻的圆形的茶桌，长 120 厘米，宽 60 厘米，高 80 厘米。茶桌采用平雕的手法，刻有竹林、溪流，溪流边还有一童子提壶取水。茶桌四周摆放有 6 张小竹椅。我非常喜欢这款茶桌，莲花仙子遮住了热烈的阳光，树荫下凉风习习，金刀大夫提议坐下来喝杯茶，我欣然接受。

金刀大夫招呼一声，走过来一个年少的人，他的名字叫西米——米力的师哥，人很勤快，本分、老实，不爱说话。随后，金刀大夫在他的耳边说了些什么，西米冲我点点头，微微一笑，弯腰后退几步，转身忙活去了。

闲聊中，金刀大夫自报家底："我有两个徒弟，大徒弟西米，小徒弟米力，还有宝马良驹一匹——雪儿。

西米的医术高一些，简单的病痛已经能够独立诊断。草药的炮制西米替我分担一部分。米力以杂活为主，草药的活计仅仅承担切割、晾晒。药材的来源有三个途径：一是附近的居民将采来的药材捐献给药庐；二是我亲自上山采来的；三是异地购买的。药庐平时看病是免费的。"

说话间，西米托着一个竹子编成的托盘，又是微微一笑，将托盘放在茶桌上，转身、弯腰，后退几步忙活去了。金刀大夫将托盘里的东西逐一取出，一把精巧的紫砂壶，两个青花瓷茶盅，一个白瓷小盖碗，茶匙等茶具一套。我顾不得矜持，情不自禁地捧起一只青花瓷茶盅，仔细观看，茶盅上绘有"牧童吹笛"：夕阳西下，牧童骑在牛背上吹笛，笛声引来微风合舞，微风吹的柳枝痒痒的直不起腰，似乎央告牧童，不要吹了，赶紧回家吧。牛儿回头望着牧童，快快回家吧，我也好吃点咸味点心。

金刀大夫等我放下手中的茶盅，掀开白瓷小盖碗的盖子，露出绿叶红筋的白牡丹，用手颠了几颠，片片绿"叶红筋大小一致，高贵的花香似有似无，沁入我的心脾。

西米第二次回到茶桌前，左手提着一把铜壶，右手拎着一把银壶，把它们分别放在茶桌旁两个正在燃烧的炉子上，小声对金刀大夫说："全部准备就绪。"再一次冲我微微一笑，弯腰，后退几步转身忙活去了。

金刀大夫说："卓大夫，不知道你喜欢喝什么茶。现在天热，白牡丹性寒，可以祛热除湿。我自作主张，请你喝白牡丹，你意下如何？"

我连忙说："你太客气了，客随主便。"

金刀大夫谦虚地说："我沏茶的手法一般，你将就着喝。"

我说道："我对茶道一窍不通，今日借此良机，向金刀大夫请教。"

"水开了，我献丑了。"金刀大夫说话间，倒出银壶中的水，将紫砂壶、茶盅里外冲洗一遍，用茶匙把白牡丹放入冲热的紫砂壶内，借着热壶掂了几掂，瞬间，鲜醇的香气强烈地冲击我的嗅觉。铜壶里的水，洗了一遍茶，第二次用铜壶里的水，注满紫砂壶，盖好盖子，再用铜壶里的水浇了一遍紫砂壶的外表，等到紫砂壶壶面没有水分，打开壶盖，悠长的花香钻入我的心房。出的茶汤色泽黛绿，入口满齿留香，还想含在口中，但是茶汤自己就溜进咽喉，甘味绵长。

我不明白，沏茶为什么要用两把水壶，银壶和铜壶对茶叶有影响吗？

金刀大夫认真地告诉我："银壶、铜壶这样的金属器皿对茶叶品质的影响有多大，我未曾研究过。暗藏机关的是水。我深知不同地方、不同季节的水，对于药材药效的发挥是至关重要的。同样，水对茶叶——百药之王的影响也是举足轻重的，其中最重要的体现在茶叶味道的提升上。我做过近千次的试验，固定了几种茶叶与水的绝佳搭配。水对紫砂壶的保养也是千差万别的，我也悟出了一些门道。我建有一个小地库，专门储存水的，还特意请高人用沙土烧制了数个大水缸，储存一年24个节气收集的好水，雪水也有冬天、夏天的区别。刚才铜壶里的水来自神山的雪水，是腊月二十八日去取得的。银壶里的水，是达拉河的河水，惊蛰前的。雪水与白牡丹在一起，最大限度地释放白牡丹的茶香，第一道、第二道……第七道的香气道道不同。惊蛰前的达拉河，河水没有虫卵，烧至98°保养紫砂壶最妙。"

我由衷地赞道："金刀大夫，教书育人，要因人施教；看病救人，要辨别差异。从你身上，领悟天下万物皆一样，一片茶、一杯水、一把壶，用心钻研，方能出上品。"

金刀大夫到此时才阅读我的举荐信，读罢，言道："卓大夫，所需药材，山上都有，采摘便是。需要修补的砚台，拿出来看看。"

我从怀中取出我的宝贝砚台，神色紧张地双手递给金刀大夫。金刀大夫认真仔细地审视，左右、上下、前后，半晌放下砚台："留我这儿，能修。"

金刀大夫出了第三道茶汤，我们俩人细细品尝，慢慢享受白牡丹的芳香。金刀大夫说："一至七道茶汤中，第三道茶汤是精华所在。"我明白他所指，四目相视，开怀大笑，互道："阿弥陀佛！"然后各自回禅房休息了。

4. 结缘

自从长安出发到真味药庐，23 天的旅途一路劳顿，全为了一方心爱之物——山水砚台。金刀大夫承诺：药材、修补砚台，全部落实。没有了心事，这一晚睡得踏实、香甜，睡觉也是享受了。

第二天清晨，我与金刀大夫互道"扎西德勒"，金刀大夫告诉我，修补砚台的胶液，需要自己调配、熬制。眼下缺材料，已经安排西米上山寻找，让我放心。

接下来的日子无事可做。真味药庐的那颗松树——被我称作"莲花仙子"的松树，是我最喜爱的去处。而金刀大夫闲暇时，总是坐在茶桌旁，品茗、读书、刻砚，像是活在画中的人儿，这种意境让我陶醉，想提笔作画又觉得欠缺点什么，几度提笔，又几度放下。

有一天傍晚，天空飘起了小雨，连绵不断、细如白牦牛身上长长的牛毛。雨过天晴，一抹红霞在天空散开，莲花仙子身着翠绿仙衣，地上的倒影身披淡淡的红装，两位仙子超凡脱俗、遥相呼应，堪称鬼斧神工的自然之作。我忽然有了灵感，以此美景为背景，描绘金刀大夫在茶桌旁品茗读书，是最好的修禅悟道的画面。我给此画题名《仙子悟道》，另题"有感莲花仙子树下，金刀大夫品茗、读书。"

我十分满意"仙子悟道"，却没有给金刀大夫展示。

六月三日，米力兴奋地跑来："卓大夫，师哥西米回来了，我师父请你到药房。""西米回来了，米力，真的吗？快走！"

来到药房，西米、金刀大夫正在忙碌。金刀大夫看到我们两人进来，放下手中的活，递给我一样东西："这就是熬制粘胶的主要药材。"

我接过来，它是一种琥珀色的树脂类的块状物体，分量很轻。闻了闻，无味。用手揉了揉，也不粘手。到底是什么树脂呢？

金刀大夫主动告诉我："它是老杏树结的胶。杏胶最大的特点是，遇热就融化，黏性比较强，粘后不留痕迹。假如粘一些平常的物件儿，直接融化使用即可。但是，要粘你的那一方山水砚台，单一的杏胶远远不够，需要添加一些其他的辅助药材，我已经配好，待西米熬制就行了。"金刀大夫当着我的面，让西米大声地读了一遍熬制杏胶辅助药材的药名，点头称赞："很好。全部记住了。"

我知道，这是金刀大夫告诉我配方，担心我不接受，用这种方式婉转告诉我的。药方都是保密的，无私的告诉我，我理解金刀大夫的好意，心里更加感谢金刀大夫的体贴。

我随金刀大夫走出药房，来到"莲花仙子"树下，坐在茶桌旁等候。大约半个时辰，西米左手手背放在右手手心上，左手心托着一个细长的梅瓶，脚步极轻地走来。米力也将我的山水砚台交给他师父。我们三人围在茶桌旁，盯着金刀大夫，只见他先用干净的白牦牛的毛做成的中楷笔大小的拂尘，将需要粘补的地方掸了几遍，确认没有灰尘，然后打开梅瓶，用银针蘸一些无色无味的胶汁，点在断桥的两头，对其按住后，吹了吹，松手，高兴地说："好了。"米力在一旁比我还要高兴，就连一向腼腆的西米也脱口而出："好漂亮的砚台！"

我自不用说喜悦的心情，想感谢金刀大夫，我想把前几日画的《仙子悟道》送给金刀大夫，又担心金刀大夫误会此画是报答修补砚台的酬谢，反而显得我俗气。

就在这最不合时宜之际，米力忽然冒出一句："师父，卓大夫画了一幅你读书、喝茶的画，像神仙一般，飘逸得很。"

我想拦住米力，但是已经来不及了。

　　金刀大夫说:"哦,卓大夫,我这个画中人能看看吗?"

　　我只好回到禅房,取出《仙子悟道》,硬着头皮递给金刀大夫,悄悄地用眼睛观看金刀大夫的表情,我确认金刀大夫很是欣赏、喜欢,提着的心才放回肚子里。

　　"卓大夫,能送给我吗?原来我喝茶、读书的环境如此美丽。真应了那句话,不识庐山真面目,只缘身在此山中。"

　　我正有此意,不知道金刀大夫的心思,听了此言,欣然同意,请米力取来笔、墨条、砚台,在《仙子悟道》上补题:"六月三日真味药庐",盖上"卓尼君印"。

　　自从我和金刀大夫见面,发现金刀大夫腰间佩戴一块美玉,不曾离身。金刀大夫见我腰间也佩戴一块好玉,从不离身。我们两人都相信:好人佩好玉,好玉不离身。

　　人的感情就是奇怪,突然之间,觉得"卓大夫"、"金刀大夫"这样的称呼有一些生分、见外。

　　我们俩人同时说:"金刀大夫","卓大夫"。金刀大夫先说:"卓大夫,我们这儿的人,叫我真儿,你也叫我真儿。你比我小几岁,我称呼你君子,如何?"

　　我立刻同意,真儿、君子,亲切、简单,又有兄弟情谊。"莲花仙子"见证了这一幸福快乐的时刻。真儿送我一方"孔圣人杏坛授业解惑砚台",我觉得礼物太贵重，推辞不受。真儿却说："物件儿，是为人所用。送给好友、知己是快乐的。"

真儿说，《仙子悟道》、"孔圣人杏坛授业解惑砚台"是纯粹的友谊见证，没有一点点其他的。

我应道："天不欺人，地不欺人，影、声为媒，莲花仙子为证。真儿、君子推襟送抱，情深似水。"

下·追琢

一　砚匠

1. 洮河岸边的田园生活

真儿修好了我的山水砚台，在等候上山采药的日子，我在真味药庐又帮不上忙，闲暇的时间，无所事事，游遍了宝石口、柳林的大街小巷，没有找到出售砚台的店铺。奇怪的是，不仅没有看到出售砚台的店铺，而且也没有见到雕刻砚台的砚匠。接连几日，都是无功而返。

这一夜，辗转反侧睡不着，索性趁着月亮的光亮，在浓雾编织的薄纱的簇拥和露珠的陪伴下，我信步来到洮河岸边，说不清楚期待着什么。

公鸡打鸣、报时，洮河岸边的院落仍未见炊烟升起。

随着雄鸡的起床号，从熟睡的藏式院落里，最先走出了鸡的家族，一只鸡、两只鸡……七只鸡、八只鸡，一大群由上百只小鸡、公鸡、母鸡组成的方阵，来到河边，带头金鸡颇有智慧地指挥着它的部队，悠闲地往东方觅食去了。

我第一次看到，无人照看的鸡群，竟然是如此的整齐听令，我感到万分诧异。

白雾中，眼前一晃，感觉有一些红色、黑色、绿色的影子在飘移，绵羊的大军在走来。每一只羊角上分别系着红、黑、绿色的彩带，放羊娃偶尔将手中的鞭子举起来甩一甩，"啪"的一声，清脆的声音在空中回荡，羊群就会有序地朝着相同的方向吃草，用高、中、低三声部的混声"咩"，来应答放羊娃的号令。忙活了一阵子，放羊娃微微有些出汗，脸上的高原红与天上的太阳相互呼应，浓雾散、露珠睡、晴空万里。

刹那间，眼前的大山、村庄变得十分清晰。岸边的山坡上出现劳作的场面。人们套着耕牛在犁地，扶着犁耙的双手是有劲的，犁出的地垄笔直，而且新翻出的沃土厚度都一样。近看，劳作的人儿脸上流淌的汗水是幸福的，紧盯着犁耙的双眸爱意浓浓，这哪里是在劳作？简直是一幅画作。

有了人们对土地的厚爱和用心的耕耘，结出的青稞怎么会不饱满，酿出的青稞酒怎么会不香甜、不醉人呢？

这里的宠物是马儿。清晨的炊烟飘远，男人陆陆续续地牵着马儿，缓缓地走出家门。马背上空空如也，男人们手提、肩扛着重物，行走在道路上。

洮河岸边的美景，似梦境、似画卷。不觉已经是黄昏时分，家家户户的炊烟又一次冉冉升起。

男人和他的马儿走在回家的路上，依旧马背上空空如也，男人手提、肩扛着重物，怜惜马儿胜过自己。

劳作一整天的犁地的人儿和他的耕牛，疲惫地迈着双腿和四蹄，走向安逸的家。

放羊娃耍着羊鞭，追赶着急性回家的羊群，系着红色、黑色、绿色彩带的羊儿，跳跃式地进了自家的院子。

带头金鸡统领的鸡大军，由浩浩荡荡的方阵，在小巷内演变成了众多的小方阵，鸡家族的成员各自回家了。

真正的是早出者晚归，晚出者早归。

我在岸边逗留了一整日，夕阳西下时，山坡上袅袅上升的炊烟，告诉我该返回真味药庐了。

2. 砚匠

一连数日，我早出晚归，都没有看到出售砚台的，也没有见到刻砚台的。这一天，真儿又见我满怀希望而出，无精打采而归，笑着说："君子，你是闲人，闲愁，有眼不识金镶玉。"

我不解地问："真儿，你说明白一点，我怎么就有眼不识金镶玉？"

真儿言道："君子，你住在药庐数日，见到西米、米力刻砚台没有？"

我闻言，仔细回想，的确，来到药庐后，不仅西米、米力没有刻砚，而且真儿也没有刻砚。

真儿接着说："砚台不能当饭吃，是物件儿，精神文化。"

我问真儿："你是说，放羊娃、牵马儿的男人，就是刻砚的师傅。"

"是的。君子，准确地说，刻砚师傅是他们中的一员。很多人会刻砚，但不是个个都会刻砚。"

听了真儿的介绍，我明白了：手工艺人的工作都是业余时间完成的。

真儿见我如此痴迷，便说："我安排一下手头的活计，明天下午给你好好说说。"

第二天午饭后，西米沏好茶，我和真儿一边喝茶，一边聊起雕刻洮河绿石砚的砚匠的情况。

真儿担心我理解的不是很到位，用最直白的语言介绍道："刻砚的砚匠，就是手工艺人。对待刻砚的态度，有人是消遣，有人是爱好，有人是营生，有人是名利，有人是钻研，反映了众生百态。"

从真儿的讲述，我理路了洮河绿石砚的砚匠的真实状况。无论是一般学徒，还是巨匠，生计是第一位的。做一名砚匠的前提，先是要有生活的本事。最主要的精力、时间要放在生存上。平常的日子，白天，女人们耕地，男人们放牧、交易、孩童们读书。晚饭后，一家人坐在一起，父亲向儿子传授刻砚台的方法，比如：相石、刀法、打磨等。

普通的砚匠，大量的时间要用来寻找好的砚台的原石。只有把上乘原石、设计图案、石头的纹理、娴熟的刀法，完美地结合在一起，且作品被众人认可，才能晋升为一位知名的砚匠。

得到一块上乘石头，缘分很重要。无缘的话，只能替他人刻砚，终究不能成为知名的砚匠。徒有手艺无从表现也是枉然。

只要有了好的石头，加上出众的手艺，作品被大家认可，一传十、十传百，有身份的贵族就会提供上等原石，请你去雕刻砚台，进入了高一层次的社交圈，名气会越来越大，作品也会越来越多，就会成为著名的砚匠。

成为一名著名砚匠之后，如有幸被土司家族看中，委以重任，替土司家族雕刻砚台，就有机会接触当地最好的砚台原石，作品的特性发挥到极致，就有可能成为巨匠。荣耀随之而来，整个家族也跟着风光。

　　从一名最普通的砚匠，在机缘巧合和长期雕刻砚台的实际生活中，成长成巨匠，上千年以来能有几人？

　　这就解释了洮河绿石砚的传承方式：以家庭为单位，传男不传女，砚台的图谱、刀法，口传心授。不收外姓做徒弟。刀技出众，受人赞扬。造型独到，彰显的是文化底蕴。如果是雕刻土司家族的洮河绿石砚，意味着在砚匠中的水平是一流的，家人的社会地位也会跟着提高。

　　真儿点头赞同我的说法，补充道："君子，还有重要的一点，刻砚也是丰富人们精神生活的一项活动。卓尼地区远离繁华都市，业余生活相对单调一些。除了歌不停、酒不断的饮食文化之外，刻砚是人们劳作之余的另一项选择。"一家人围坐在一起，自觉自愿地交流、传承刻砚的心得，享受独有创造的乐趣，他们并不在意名扬天下的每一方洮河绿石砚是否会留下他们的名字，他们看中的是热爱、坚持、传承的精神，看中的是分享的快乐。

　　我对砚匠的生活有了新的认识，更加佩服默默奉献却没有留下姓名的无名砚匠。他们辈辈相传，不断继承、发展洮河绿石砚，才能让洮河绿石砚流传上千年，让今天的人们还有幸使用、欣赏这一文房之宝。

二　原石产地

1. 传说

洮河绿石砚的原石产地，是在一个被称作"喇嘛崖"的山峰。因为此山峰的形状像是喇嘛头上戴的帽子，所以，当地人就直呼此山为"喇嘛崖"。

自古以来，洮河围绕喇嘛崖流淌，山灵水秀，人杰地灵。

说人杰是因为喇嘛崖上有一个村庄，名叫"达窝村"。历史上，达窝村诞生了一位策墨王，他是一位大英雄，喇嘛崖也因有这位大英雄越发的显贵，是名副其实的英雄宝地。

说地灵是因为宝地必有宝物，宝物必有灵物守护。相传，守护喇嘛崖洮河绿石砚原石产地的灵物，是一条大蛇，此蛇来自《华阳国志·蜀志》。根据《华阳国志·蜀志》记载，秦惠王嫁五女给蜀王，蜀王派五位大力士前往迎娶，还击梓潼，无路。看见有一大蛇入穴中，五力士抓住蛇尾，将蛇拽出。山崩，五位大力士与五女一并被压死，山中裂开一条小道，秦、蜀路乃通。民间流传，被五位大力士拽出的大蛇受了伤，逃至喇嘛崖，幸遇采药人搭救，采药人精心呵护半月有余，大蛇痊愈。采药人这才下山，离开了大蛇。大蛇则停留在喇嘛崖上。

过了一些时日，采药人再次上山，大蛇等候采药人，并带采药人来到一个洞穴处，大蛇吐着它的信子，信子所指之处，采药人看见一块平整的绿色石块，直觉告诉他，它是一块磨刀石。果然，用它磨刀，省力气、刀锋锋利。大蛇待采药人磨好刀，用身体卷起采药人，与它一起进入洞穴内，采药人站定后，映入眼帘的是一方绿色石头的天地，洞穴上方滴着的水珠，有节奏的滴答、滴答，石纹异常漂亮、大气，由天上的云霞、地上的河流组成的画面，震撼人心。

采药人高兴，大蛇也高兴。

以后的日子，采药人上山采药，大蛇陪伴，名贵药材的摘取，因为大蛇的帮忙，容易了许多。

再以后，大蛇的子孙和采药人的子孙成为好朋友，一起采药、一起在洞内玩耍。采药人的子孙偶然发现绿石可以雕刻成一些小的物件儿，像小蛇、小鱼、小人儿，可当玩具玩耍，雕刻的东西多了以后，喇嘛崖有宝石——绿色原石的消息就不胫而走。

但是，洞穴内有灵蛇居住，谁也难以靠近，绿色原石保护的非常完好。

采药人临终之前，叮咛后人要保护大蛇，不允许伤害大蛇。大蛇临终之前，嘱咐后代，要帮助采药人继续采药，带他们来洞内采石，以报答救命之恩。

民间传说，揭示了洮河绿石砚原石的发现起源于大蛇，能雕刻成砚台，则是采药人的贡献。正是有了大蛇的守护，直到今天，喇嘛崖原石洞穴保护的还是非常好，洮河绿石砚的作品才能源源不断地问世。

2. 洮河绿石砚石料

洮河绿石砚台的石料，是位于喇嘛崖的绿色原石，用专业术语描述，是"水云母板岩"的一种，颗粒①粒径低于 0.01 毫米，密度 3.04 克／立方厘米，硬度为摩氏 3°，结构紧密。

这种结构的石头，做砚台最适合。不仅能够抵御外来摩擦力，而且经久耐用。另外，石头软硬适中，有利于雕刻。

3. 专职采石工

要想成为一名洮河绿石砚原石的专职采石工，要同时具备居住地、忠诚度、身体三个方面的条件。

原石料坑坐落在喇嘛崖的达窝村，只有达窝村的居民能够从事采石的工作，也就是说，采石工必须是达窝村的村民。

原石是珍贵的财富，当地最高统治者——土司家族是它的拥有者。采石工人要按照土司的意愿，每年有计

---

① 祁殿臣编：《艺斋瑰宝洮砚》，甘肃民族出版社 1992 年版，第 43 页。

划的开采。开采几次、每一次采多少，交给谁、交多少，都有详细的记录，忠诚是至关重要的。

采矿的达窝村的村民，除了忠诚，还要有一个好身体。体型瘦小的健康身体，才能承担采石的工作。独特、低矮的洞穴，洞穴所处的位置及岩石的走向，决定了采石工人的工作环境，及其对身材的要求。

喇嘛崖三面环水，原石坑料的入口接近洮河水面，洞内经年雾气弥漫，光线微弱。深入洞内，雾气更重。洞内水分越充足，石料就会越细润。一般情况，矿脉像千层饼夹心层似的，由低向高分布，距离洞口越近，采石工人还能够站直身体，距离洞口越远，洞内高度就越来越低，采石工人就要弯腰开采甚至跪地开采。

开采的过程不能使用火药。一是洞内湿度无法点燃火药。二是火药炸裂的岩石会损伤砚石，使砚石有裂缝。

自古以来，一直沿用传统的采石方式、采石手法和采石工具。首先，用火将砚石两旁的其他岩石烧热，然后用水浇透，等到其他岩石变酥脆，则一手持石钎，一手握钢锤，沿着矿脉走向从紧夹着的石壁中凿出砚石原料，原料薄厚不一，宽窄不同，完全凭借采石工人的经验拿捏和把握，一点一点相对整体的凿出。

往外背凿出石料，是一个艰辛的过程。有时需要弯腰后退，乃至趴着倒退至洞内稍微宽敞的地段，才能直立身体。可以想象，红铜色面庞流淌着汗水的汉子，用他瘦小的身躯，微微驼背的脊梁，背出一块一块渗入了自豪感、成就感、满足感的砚石。采石工人的灵魂已经融入砚石，与砚石相知相亲，惺惺相惜。

采石工人进洞前，还要学会一项技能，那就是与洞内大蛇的沟通——祭祀仪式，采药人传授的秘密法宝。

祭祀仪式举行，要选风和日丽的日子。采矿当天的午时是一天中阳气最盛之时，洞门口摆放一张供桌，点上三炷香，献上一只羊、三杯酒，燃放炮仗，告慰天地、山神，庇佑采石工人采石安全，采到上等石料。告示灵蛇，只是进洞采石，不会占据洞穴，伤害灵蛇。

仪式完毕，若天空晴朗，则是得到天地、山神灵蛇的许可，采石工人方进洞采石。假如天有异象，如出现刮风、下雨、下冰雹等，就要放弃此次的采石计划，重新选择采矿日期，重新举行祭祀仪式，得到天地、山神、灵蛇认可，才能进洞采石。

要想成为专职采石人，不仅要是达窝村人，而且要拥有瘦小健康的身体，对土司家族忠心耿耿。这还不够，还要与灵蛇、山神有缘，通过祭祀仪式的考验，得到这份荣誉工作，承担保卫、开采砚石的职责。

三　砚相：对墨的贡献

1. 素砚——瓦状石片

在长安，气候的瞬间变化不是很明显。即便是夏季，也是相对稳定的。而在柳林、宝石口则不然。夏季的山区气候多变，每日都有变化，反复无常。这一日在真味药庐，刚要吃午饭时还是晴空万里，午饭未毕，天空突然乌云密布，我端着饭碗，跑回禅房的屋檐下，瓢泼大雨携着冰雹从天而落。

我忍不住伸出双手去接，石榴籽般大小的冰雹落在我的手心，慢慢地融化成水珠，然后从指缝溜出去。

电闪雷鸣中的莲花仙子，换了一身冬装：翠绿的松针上挂满了名字叫"白珍珠"的冰雹，任凭狂风左摇右摆，松针铁了心似地保护身上的白珍珠，坚强地托住白珍珠，平时尖尖的松针给人的感觉是锋芒毕露、锐不可当，此时被白珍珠的爱意拥抱的松针，却显得柔美、娇羞，它柔中有刚地与狂风抗衡，面带微笑地从容应对狂风暴雨。

对峙中，莲花仙子将白珍珠的爱意留在了根里，放手让白珍珠跟随太阳历练，狂风散去，暴雨歇息，莲花仙子又换回了夏装，将心中的爱，同树根一起深埋在土壤里。

　　我雅兴大发，回头看到窗台上有一块瓦状石片，里面有四、五颗未完全融化的冰雹，拿它替代砚台，随手研墨，迅速完成了一幅写生画——《雨中》。

　　西边的天空，闪电蹿出阴云，直奔莲花仙子而来。狂风吹得暴雨倾斜着摔倒在地，吹得白珍珠就势抓住了松针的手，在风的无情中含情脉脉，温柔大方。松针用钢一般有力的手，挡住闪电的威胁、狂风的追赶、暴雨的无情，细心呵护白珍珠。莲花仙子的衣褶上，有一对黄鹂鸟，啄着翅膀上的雨水，不时地抖一抖身子，它们婉转鸣叫，赞扬风雨中的松针，柔情中的刚强，才是最强大的力量，才是最柔的温床。

　　我放下毛笔，惊讶地发现《雨中》已经是笔落墨干，完全没有积墨处。《雨中》像是多年前的画作，竟然看不出是一分钟前刚刚完成的新作。

　　这是什么原因呢？难道是高原风大，墨迹易干？但是，这种做旧的效果，是怎么来的？

　　米力收拾碗筷，看到我的新作——《雨中》，迅速地告诉了他的师父。

　　真儿看了《雨中》，沉吟一会儿，缓慢说道："君子，你借用冰雹的圆形，化解了松针尖锐的感觉；你巧用了狂风的力量，使得冰雹与松针手牵了手；你通过一对黄鹂鸟嘴的张合，用它的鸣叫赞美了风雨之中的爱意，白珍珠的脉脉深情款款流露，松针以刚带柔、含蓄深藏。色彩搭配上，闪电的明亮与阴云的黯淡相对应，冰雹的白色与松针的绿色相呼应，生机盎然中必有狂风暴雨的相伴，至柔至刚，是汉子的画风。"

我点头，赞同真儿的看法。

真儿接着说："君子，我知道你要问什么，我先问你，是不是用的窗台上的瓦状石片及墨条研的墨？"

我不好意思地说："真儿，当时来不及取我的砚台和墨条，灵感来了，生怕打断。没有经过你的同意，擅自使用了你的瓦片、墨条。"

真儿听后，哈哈大笑："君子，你没有必要道歉。我觉得你和我投缘，你和洮河绿石砚也是投缘。"

真儿告诉我，那一块瓦片是来自喇嘛崖的达窝村的石料。当地有一个习俗，达窝村的石料在分配给砚匠们雕刻后，剩余的边角石料，在被土司家族认可后，就会赏给砚匠或者采石工。这块瓦片是一位采石工来药庐治疗膝关节的伤痛时，赠送给我的。此料外形像瓦片，大小、弧度适合研墨，最原始地体现了洮河绿石砚的本来面貌，没有雕琢，就是一块原石。研墨省力，发墨快，毛笔蘸墨书写后，不洇纸张，墨迹干得快，相同质量的墨条用洮河绿石砚研磨，可提升墨条的品质，墨迹没有贼光，处处彰显苍劲、古朴之气。

这就是洮河绿石砚成为名砚的原因之一。砚相，就是为研墨而生。

你的《雨中》，有做旧的感觉，一方面，是砚台研磨的墨汁在起作用；另一方面，洮河绿石砚搭配上乘的墨条，书写、作画，并且表现在丝绢或者宣纸上，效果更佳。

我的问题迎刃而解。没有想到，我无意之中使用的瓦片，竟然是喇嘛崖达窝村的原石，是名扬天下的洮河绿石砚——素砚，它有着古朴、苍劲、沉稳、厚重的美感，还有着细腻、温润的胸腔，无声地承载着墨兄弟的张扬，而自己远离书画作品之外，默默奉献。

2. 自制墨块

爱屋及乌，真儿就是最好的例子。因为喜欢砚台，对墨也就格外挑剔。

为了寻找洮河绿石砚与墨的最佳搭配，真儿购买了产自不同地区的各种各样的墨，试用后与洮河绿石砚的习性总是有一定的不协调，不能达到最完美的结合。购买的墨也经常有假墨。假，是墨的成分含量太少，其他东西太多。真儿要求的是"高墨"，它本身就是一味中药，又能治病，又能研墨书写作画，真儿为此，在真味药庐的中院专门设有药房、墨房、书房、砚台房，倾注大量心血研究、试验，终有所成。

　　墨房是真儿专门为试制"高墨——药墨"而建的。它是一间用石头砌成的房子，房门矮小，是为避免跑烟。为了采光，特意安装了一个超大窗户。我随着真儿进入墨房，墨房内很干净，干净得让我吃惊，四面墙壁没有尘土，更不要说黑色的灰尘。墨房的中心位置是一个灶台，相通的烟道是封闭式的，但是，烟道有活动机关，当烟尘累积到一定厚度时候，方便收集。靠近墨房房门正对着的墙面，有一个条案，是操作台，配料使用，略短于墙的长度。与它相邻的没有窗户的墙面，放着一个多层的架子，每一层由一块松树木板搭成，每一块松树木板是由长 10 厘米、宽 3 厘米、高 1 厘米的格子组成，共有 60 个格子。格子是压制药墨成型的模具。

　　真儿说，烧制药砚两用的药墨条的工艺，有以下几个步骤：

　　第一，墨块的基础原料，是制烟。只能使用松树的树枝。利用干枯的树枝，在严格的火候控制中，一定量的干枯松树树枝，能烧出一定量的松烟，配合一定比例，这样的松烟质量是最上乘的。

　　第二，墨块的添加原料。有为防止脱色增加的草药，还有为防止丝绢、宣纸材质的字画被虫蛀增加的草药，为保证墨块的松树香味儿，增加松树树枝的汁液和少量的蜂蜜。

第三，将松烟和添加的原料配齐，依照一定的顺序，先后放在铜锅中熬制，使用松树制成的木棍，沿着同一个方向不停地搅拌，待到黏稠，撤火，加入松烟，再用木棍朝相同方向搅拌，感觉像拉糖丝的状态时，使用葫芦勺盛出，倒入成型的模具内，用铜质刮刀迅速刮平，放置在架子上，盖上竹席，经过 7 天的时间，阴干、阴透，墨块就制成了。

第四，印上制墨时间。通常，用无铅朱砂在墨块的底部盖上朱砂时间印章，整个工艺就算完成了。

参观真味药庐的墨房后，西米在墨房拿了两块药墨条，弯腰递给我："卓大夫，我师父送给你的。请你试用。"

如果是米力拿来的，我还能够推辞。西米送过来的，我只有接受。我感觉到真儿的体贴、细心，真不愧是我的知己。

米力遇到走出墨房的我，自豪地对我说："卓大夫，我师父制的药墨，你在画《雨中》时，已经用过了，它的妙处你是知道的。它的药用功效也很突出：行走在山路，可以防虫咬。用醋化、酒化、生地黄的汁化，口服的疗效都不相同。最直接的使用，流鼻血，在鼻孔处抹一两滴，即可止血。眼睛迷了，滴一两滴在瞳孔上，迷物即出。"

还没有来得及回答米力的话,真儿的声音在耳边响起:"米力,你的活干完了吗?"

米力冲我一吐舌头,一溜烟地跑了。

药墨能治病我是知道的,但是,炮制药墨,我是从真儿这里学到的。

几天后,真儿邀请我在墨房一起制墨。我印象最深的是,准备工作中,真儿复查西米抱来的树枝是不是松树树枝。真儿反复强调,要想入药,必须是松烟,千万不能马虎,否则是对病人的伤害。配料是用大小不同的斗装的,火候的强、弱,有严格的时间要求,整个过程十分严谨,也很辛苦。

我很感动,真儿毫无保留主动、婉转地传授给我炮制药墨的配方,医家之心、仁者之心可见,这样的好友难得。

我也理解了,有众多的像真儿一样热爱洮河绿石砚的人们,像砚台一样,无声地用爱传承着它的辉煌。

四　砚相:天行健——石纹

我自从使用了素砚——瓦状石片以后,便不再像以前那样外出寻找雕刻砚台的砚匠。我在真味药庐,守着刻砚的行家里手,随时能够学到雕刻砚台的许多知识,每当真儿闲暇时，他就充当我的活字典——"洮河绿石砚的知识大全"，与翻书相比要方便、省劲。

素砚——瓦状石片，我给它起名瓦砚。我非常喜欢瓦砚，除了吃饭、睡觉，真正的砚不离手，天天把玩，颇觉石质细腻如同美玉，手指摩挲，好似出水荷花被暗掐。轻扣瓦砚，声音清脆，好似风吹铜铃赛黄鹂。

有一天，注视瓦砚，突然感觉瓦砚会变色，一会儿嫩绿、明亮，一会儿又变成深蓝、暗淡，渐渐地，看不清了，用手背使劲揉眼睛，竟然分不清瓦砚的颜色。我心里害怕，难道是我得了夜盲症？连忙地大呼小叫："真儿，真儿，我眼睛看不清东西了！"

真儿闻声从药房走来，检查我的眼睛后，从我的手中拿走了瓦砚，扶着我走到莲花仙子庇护的茶桌，坐下后，命令我："双眼看远处，看得越远越好。"

"行了，君子。你哪里得了夜盲症，只是盯着看一样东西时间过长，出现短时间的眼花罢了，休息一会儿就好。"

我松了一口气，心底暗自发笑，这大白天的，看不清东西，怎么会是夜盲症呢？

茶桌上没有茶具，却有一个铜盆，瓦砚泡在清水中。微风吹得水面有一点微微的晃动，瓦砚变大了很多。真儿从铜盆中取出瓦砚，递给我。

"好凉"，我脱口而出。慢慢地，瓦砚变得温暖。从水里出来时，是深蓝色的。被风吹干的瓦砚的表面，颜色呈现为嫩绿。深浅有别的绿色的界线，勾勒出云的世界。一朵像喇嘛帽子的祥云，在瓦砚弧度的衬托下，有一点风吹得帽子倾斜的视觉效果。

"真儿，瓦砚中的图案是一只喇嘛帽子。"

"对呀，君子。如果将洮河绿石砚比作顶天立地的西北汉子，你说的喇嘛帽子的云朵，就是石纹组成的具象。石纹长在洮河绿石砚的骨子里，云纹、水纹是它的筋络。石质是砚台的肌肤，肌肤具有温柔、温暖、细腻的特质。"

"真儿，可不可以这样认为，瓦砚是洮河绿石砚中的极品。原因有三：一是原石产自喇嘛崖老坑，由专职采石工采来，出生名家，根正；二是石纹是一只喇嘛帽子的形状，像喇嘛崖，鲜有；三是瓦砚天然形成的砚台，未经人工雕琢。普通瓦块能挡水，不利于研磨，研磨易碎。瓦砚既可以研墨，又能储存墨汁、清水。三种巧合集瓦砚于一身，难得。"

真儿说："洮河绿石砚的云纹各式各样，听说能让人亲眼见到喇嘛帽子云的瓦砚仅此一块。最珍贵之处就在于此。自然天成的砚台，素砚，也有人称素板，大道至简，是最好的砚台。"

　　我和真儿专注于瓦砚，忽然觉得眼前有一束刺眼的寒光直照过来，我们下意识地一闪。原来，有人端起放在茶桌上的铜盆，恰巧太阳光直射在铜盆的盆沿造成反射光，在我和真儿的眼前晃了一下。

　　啊哦！眼前端铜盆的人，长着一个平面的满月脸，剪了长辫子，留着短发，短发遮住了耳朵，右腿绑了一截短棒子，像是固定右小腿，低着头，脊背朝后退着走，一跛一跛，整个身子左高右低。一双眼睛不看手中端着的铜盆，左眼高右眼低斜瞥瓦砚，我浑身惊出冷汗，心想："这贪婪的眼神，真味药庐怎么会有这样的人？"

　　我问："真儿，这位是？"

　　真儿回答："他叫卢广，是前不久彩虹大道断涧处摔下来受伤的病人，在这里养伤。据他讲，他没有其他亲人，想在药庐生活一段时间，彻底恢复后再离开。人很勤快，有时干点杂活。"

　　我又说："真儿，我看此人的感觉，很不舒服。他目光躲闪、游离不定，好似掩饰着什么？"

　　真儿答道："君子，他是一位病人，心态有待调整。跟西米、米力自然无法比。"

　　我转念一想："也对。能对一位病人提什么要求呢？"

　　我和真儿的话题重新回到瓦砚上。

　　俊美的山峰有宝，无限险峰才有灵石。滨上岩的

"学腊梅"砚台，碣仔岩的"关云长"砚台，一个没有水纹，另一个没有云纹，在表现砚台的造型方面，有一定的局限性。瓦砚出自老坑，老坑的料，有天成的云纹和水纹，使得天上、地上，水天一色，色泽绿如兰，温润如玉，造型变幻万千，美轮美奂，寻常人怎么会有缘相见，更不要说拥有洮河绿石砚。

洮河绿石砚身上的烙印——石纹，就像是大自然传递给拥有者的信息，敦促拥有者行动的标志，"天行健，君子当自强不息"。

五　砚相：独具匠心、万砚争辉

1. 砚台分类

真儿告诉我，土司每年都要召集当地有名望的砚匠生产砚台。土司把洮河绿石砚按照使用者分为三大类。第一类是皇家砚，第二类是友情砚，第三类是率真砚。

第一，皇家砚。就是土司进献皇宫的砚台。

第二，友情砚。是土司送给王公大臣、其他土司、亲朋好友及其商贾的砚台。

第三，率真砚。它是民间砚匠、居民之间流传的砚台。

上述三类砚台，使用的都是宋代老坑料，特指喇嘛崖达窝村土司家族的洮河绿石砚原矿。对宋代老坑料的开采，每年都是有计划地开采。开采的原石有大有小、有薄有厚，形状有长方形、正方形、圆形、椭圆形和不规则形，原石有带皮子的、不带皮子的、带黄膘的、带冰雪斑的、带游丝纹的①等。原石按照原始状态，分类造册登记。

在分配原石的时候，土司族人会同名匠大家，依据原石的特征，决定皇家砚、友情砚的数量。皇家砚是有砚谱的，制式、尺寸、图案有严格规定，要按照砚谱的龙、凤等的规制雕刻，不能越制。友情砚除了不能雕刻龙凤等皇家御用图案外，创作的风格由砚匠自行设计，没有固定样式。

名匠完成皇家砚、友情砚后，要将雕刻完成的皇家砚、友情砚，连同边角料、残料、废料一起上缴土司族人，与当初分类造册、登记领取的原石销数、核实，如相符，当年皇家砚、友情砚的雕刻活计就完成了。

雕刻皇家砚、友情砚的边角料、残料、废料，有用的部分，土司族人会赏给采石人，参加皇家砚、友情砚雕刻的砚匠，依照惯例，也要登记。这部分石料，就是率真砚的原料来源。由于率真砚石料来源的独特性，砚

---

① 祁殿臣编：《艺斋瑰宝洮砚》，甘肃民族出版社 1992 年版，第 228 页。郝氏洮河砚石等级分志表。

匠们雕刻时，随石料的性而走，石料的外形决定雕刻什么图案，像花生、葡萄，葫芦、竹子，松鼠等吉祥、喜庆、生动有趣的造型，因石而雕、因情趣而雕，反映了砚匠们的真性情，也是率真砚名称的由来。

土司认可友情砚、率真砚在民间流传，使得有幸遇到的雅士，目睹容易，拥有不易，高价难求，世人听说者甚多，亲见者甚少，洮河绿石砚在民间越发珍贵。

瓦砚就属于率真砚的一种。真儿说，最好的设计就是不设计，素砚一块，洮河绿石砚的隽美容貌、卓越的研墨、发墨、储存墨汁的功能，任由天下的文人雅士评说。

2. 造型的基本功夫

不论是皇家砚，还是友情砚、率真砚，洮河绿石砚台的造型有"三门"基本功夫，那就是"相石、设计、刀法"。

第一门基本功是相石，引用真儿的话，好比两个陌生人相遇的相面，不用开口说话，从脸庞、眉眼、鼻梁、嘴唇、耳朵、有没有痦子及长的位置，就能感觉对方是温柔的、刚烈的，是婉约的、豪放的，是善良的、狡诈的。从身高、胖瘦，就能感觉对方伟岸、娇小，健壮、羸弱。从衣着，就能感觉对方雍容华贵、俭朴谦逊等。

看石头，上手一摸，就能感觉到石质的优劣，能判断是不是成为好砚台的胚子。

相石，最重要的是判断原石的产地。接下来，最直观地看它像什么，要透过原石的石皮，感知原石的内部结构，诸如：石筋在哪里？金星①在哪里？待刻的砚台的墨池有没有石筋、金星，如果墨池有石筋、金星的话，砚台就失败了。原因是墨池内的石筋、金星在研墨时会使墨块打滑，妨碍发墨的速度及其出墨的数量；研墨时，会发出刺耳的声音，影响使用者的心情；舔笔时，毛笔容易成为秃笔。墨池的缺陷，是雕刻砚台的大忌。最后，对整块原石要有总体认识，与它成为知心好友，才能驾驭它。

所以，相石，是雕刻砚台的关键性的一门基本功。

第二门基本功是设计，也叫落图。当地砚匠习惯用口语"落图"替代"设计"一词。

老坑开采出来的原石每块都不同。同样是绿色，但是有深浅的变化和深浅的多少的布局的差异。同样是金星，有一两个，或者七八个，或者密集地一堆的，它的金色，有铜色、浅黄、明黄等的区别。同样是云纹，天上云的模样千变万化皆天机，要与金星、绿色组成的砚

———

① 金星，又称铜钉，宋代老坑料独有的特征。

台落图相得益彰，就是设计的巧妙之处。

就拿最常见的砚台的主题——山峰来举例。巧用原石的差异，就会有沉默不语却傲然屹立的；有冰雪袭人却梅花永驻的；有绿色满园花暖人心的；有红色金秋自风流者……全凭砚匠的智慧，砚石羽化，砚台成名。

第三门基本功是刀法，是砚匠活灵活现展现砚台美貌的手段。刻刀，是每一位砚匠必备的工具。最常见的是刻印章的篆刻刀，特殊一些的刻刀，是砚匠的独特习惯所要求的，自己定制的刻刀。有铲、切作用的，有打磨作用的等。

刀法，砚匠的雕刻手法各有所长。每一位砚匠习惯使用的方法各有侧重，有家族传承的技法，也有在借鉴木雕的方法、砖雕的方法、玉雕的方法后，形成独到的个人技法。

相石、设计、刀法，三门功夫的熟练应用，是砚匠名气大小的决定因素。

3. 独具匠心，万砚争辉

一件洮河绿石砚的创作，不仅要有相石、设计、刀法的扎实基础，还要有深厚的文化功底。真儿告诉我，创作的难度在于意境，意境的获得常常会耗尽砚匠的心血，如蜡烛燃尽、蛇蜕重生一般。

意境要从大自然中找寻，体力、运气两者缺一不可。

踏遍山水大川要有体力，消耗体力是劳其筋骨的方式之一，睡过一觉，就能恢复。运气也很重要，它是可遇不可求的。

上天垂怜，我的运气不错。我遇到奇观美景，难以忘怀，不得不说。

七月初三，我跟随真儿到"仙山"采摘药材。行走在路上，真儿告诉我，"仙山"是腊子口那一片地域最有名、最高的山，终年云雾缭绕，山中长满奇花异草，也是珍奇动物的乐园。我有些不以为然，心中暗想："终南山、华山、秦岭，我都爬过，也没有人敢称其为'仙山'。真儿夸大其词，自己的家乡总是最好的，无名的山峰，也被称为仙山。"

从宝石口出发到腊子口全是山路，从山谷爬到山顶，再从山顶下到山谷，经过了一座山，又过了一座山，来到另一座山顶时，我掏出怀表看了看时间，我们已经不间断地走了5个小时的路程。我心里正想问真儿"已经走了5个小时"，"5个小时"还未出口，真儿答道："连续行走5个小时的路程，该休息一会了。"

我纳闷，神了，真儿没有怀表，也没有看表，他是怎么样知道时间的？便问道："你是怎么样知道时间的？"

真儿笑曰："米力没有告诉你，我的怀表就是天上的云朵。"

我不相信，认真地说："真儿，不要开玩笑，说真的。"

真儿再次笑道："我说的是真的，没有骗你。"

他看我不相信的表情，依然笑着说："君子，真的没有骗你。我收米力当学徒时，让米力牢记'惟江上之清风，与山间之明月，耳得之而为声，目遇之而成色；取之无禁，用之不竭。是造物者之无尽藏也，而吾与子之所共适'这句话。他理解了字面上的意思，深层的含义却知之甚少。我们这里的云朵，我看得懂，所以，时间、天气的变化十有八九能准确判断，离开家乡再看云就不准确了。"

我相信了真儿的话，云朵就是怀表。

我的相信是有根据的。以前读书，有"地气升为云，天气降为雨"的说法。

回想我在长安时，关注云都是天阴要下雨或下雪的时节，看到的不外乎乌云密布，黑漆漆的、厚厚的，像黑牦牛的牛毛似的云，霎时，雨或雪从天而来，"天气降为雨"的自然现象十分常见。

说到"地气升为云"的现象，我没有见过。真儿轻描淡写地告诉我，到了"仙山"我能够亲眼所见，而且还能身处云中，触手可及。我不知道信还是不信，但是眼见为实、耳听为虚总不会错，到达"仙山"再说。

休息片刻，我们二人再次出发，下到山底，到达腊子口地区。腊子口由众山峰组成，放眼望去，一座山峰连着一座山峰，蜿蜒绵长。没有选择，接着爬山，低着头，一步一步，双腿机械地迈动，走得人呼哧带喘的。无人说话，非常无聊。静，是极其可怕的事情。大山安静的就连自己的脚步声都听不见，我放声高喊："噢噢噢……"，跺脚、弯腰地喊，喊声像是被吸进棉花里，大山依旧寂静，寂静得让人发狂。我忽然理解了黄土高原的信天游和秦腔，无一例外，都是曲调高亢、激昂，歌词简明、直白。此时，我搜肠刮肚地回忆曾经听过的民歌，吼起来："我要拉你的手，还要亲你的口，拉手手，亲口口，咱们两个背个哩个走……我要拉你的手，还要亲你的口……"吼得心情舒畅，脚步轻快。

真儿微笑着，默不作声地听我吼着，突然，他打断我的狂放，轻轻地说："君子，看，东边的那一座山峰！"

这一看，我目瞪口呆，"山洞出云霞"的奇观就在眼前，惊得吼歌的嘴半天没有合上。

这一座山峰似锥形，以鹤立鸡群、一览众山小的姿态，傲立于群峰之中。它与天上的云儿手牵手，翩翩起舞。我屏息、立足、静观：如果将锥形山峰比喻为仁者，在他的丹田处源源不断地发功，体内水气化成的一缕缕轻烟离开丹田的那一刻，似柳枝随风摇曳般的舒展、无拘无束。转而，急性子的轻烟，直奔蔚蓝天空的云团，羽化成云成员，慢性子的轻烟，几缕之间，说不完的悄悄话，迟疑、进一步退一步、顿足不前，害怕浴火重生的到来。多愁善感的，依偎在胸前、趴在后背、搂着脖子、贴着脸颊，舍不得撒手，无奈，丝丝相连地加入云端，蜕变成天空的宠儿——云霞，大展宏图。

我问真儿："这是什么山？"

真儿说："当地人叫它'仙山'。"

我像是在梦中，再次问真儿："就是你说的长云的仙山。"

真儿肯定地回答我："是的，君子。地气升为云，就在你的眼前，还有句老话，山洞出云霞，一个意思。什么时候来到仙山前，都能看到天地相连的云架起的云桥。"

我庆幸自己是个运气颇佳的人，不仅亲眼看见云是怎么生成的，而且曾经亲眼所见、亲自呼风唤雨过。

我对真儿说，在宝鸡有一座山，山顶处架有一"求雨鼓"，旁边竖立一块石碑，碑文写明"求雨鼓"的神奇。当天空蔚蓝，没有一片云、一丝风，我敲响"求雨鼓"，"咚咚咚……"的声音响起，风起，随后一片乌云悄然而至，天降祥雨。敲鼓声越大、越长，云随风声、雨声而变。访客不绝，敲鼓声间隔片刻会重新响起，小雨、中雨、大雨即刻来，即刻走。

真儿认同，山顶求雨的自然现象，比地气升为云常见。在喇嘛崖的山顶，高声大喊，能喊来雨或雪。古书记载"地气升为云，天气降为雨"，告诉我们，人们生活在地气、天气循环的天地之间，热爱自己，要以热爱天地为先。

真儿告诉我："君子，仙山是我们这次采药的目的地。你要的药材，就在仙山。这儿长成的药材，药效最好。"

我对仙山心生敬畏，暗自琢磨："仙山上的仙露、神果、奇花、异草、各种动物，在溪流边、跌泉旁，安逸地生活，上山可以采摘仙药、沐浴仙露、穿越云岑似神仙一样驾云行走。但是，天不欺人，示人以影；地不欺人，扣之有声。天知、地知、我知，上过仙山，惊动仙山——仁者的修行如是，罪过就大了。"我把心中的想法告诉真儿，决定放弃攀登仙山采药，目睹"地气升为云"已经是极大的福气，不能奢求仙山的云围绕左右，更不敢带走一片衰草、半片落红。

真儿闻言："君子，我的好兄弟。不瞒你说，仙山我攀爬过一次。三年前，一位患者病体垂危，急需灵芝吊命。药庐储备的灵芝，无论生长年限的长与短，包括附近邻居捐赠的灵芝都不起作用，我只能冒险上仙山求灵芝。踏进仙山的第一步，不知怎的，我大声告诉山神：为救患者性命，祈求上天垂怜，赐予一棵灵芝，愿以七年的寿命交换灵芝。这段经历压在我的心底，三年来，第一次说出来，你是第一个听众，也是最后一个。也是奇怪，说罢，非常容易地得到了一棵灵芝。回到真味药庐，我开好药方，顷刻，失去知觉，昏睡七天七夜才醒。醒后，西米告诉我，他按照我的药方，煎好汤汁，喂给患者服用，一剂分成两份服用，立马见效。从那时候起，患者及其家人每一年都去转仙山，以表感激之心。"

我脱口而出："真儿，你若陪我二进仙山，岂不是舍命陪君子！"

真儿摇头："言重了。你跋涉千里，只为求得真药治病救人。明知最好的药材出自仙山，我怎么能够不告诉你，不陪同你前来？花、草皆有寿命，顺应春夏秋冬四季定律，采药人会得到上天眷顾的。"

我心头一热，鼻子发酸、使劲睁大双眼，停了停，缓慢地说："真儿，掐摘花草，皆是人事，非天意。防未病、研砭针、辅助以药材，是治病的根本。如果真正到了非仙山之药材不可的状况，医者怀有仁者之心，进仙山采药是义无反顾的。"

我俩相视而笑，同声道："不去了。"

从那一刻，我决定像真儿那样，尝试看云推测时间，学着通过云的形状变化，看出地面的万物表象和实质。真儿看我认真严肃的样子，让我判断一下现在是几点钟了。我抬头看看，好几朵云儿各自前行，哪里知道现在几点了，我讨巧从太阳照在真儿身上的影子，推测出下午3点钟左右。

我手指真儿的身影，说："我看出来了，下午3点左右。"

真儿宽慰我："看多了，自然就会看得懂，经验的积累而已。"

要下山了，我转过身来，抬头看西边的天空，与旧时书中的插画"龙行凤辇、大鸟翱翔"的风景不期而遇，我目不转睛地盯着，伸出右手，不停地摇摆，示意真儿快看。

湛蓝的天空中，一前一后两条云龙驾云出行，朝着西方飞速移动。前面的云龙，龙身隐藏在雪白的雾中，龙头的模样不是很清晰，但是，我感到一双大眼睛睁圆、深邃、威严地和我对视。紧随其后的龙云，龙头清晰可见，鼻子、眼睛、嘴巴，长得那么美，可爱至极。在两条云龙的左后方，被簇拥着的云凤，心情愉悦地舒展双翅，舞动五彩色的鱼尾，飞翔。我感觉云龙、云凤行走的速度尽管很快，但是很从容。也就两三分钟的功夫，两条云龙已经消失，云凤依稀能见双翅的翅尖、五彩的鱼尾，就在翅尖、五彩鱼尾的怀抱，呈现一个云圆，一只大鸟——一种我不认识的鸟，但是是真正的鸟，从高处降落在云圆的中心，从云圆的下方飞出，昂头展翅追随两龙前行。我不自觉地眨了眨眼睛，再看，云龙、云凤、云圆、大鸟，踪迹全无。一片云彩都没有，只有湛蓝的一片天。

我回头看真儿，真儿与我一样，他说："忽然，什么都没有了。在我眼前凭空消失。"

我异常兴奋，心里十分高兴。七月初三，好运气连连，见到了云的奇观、云的祥瑞，美不胜收。

运气好，心情也格外好。真儿到底年长我几岁，见我轻飘飘、好似自己也在云中，便主动和我聊天。

真儿建议："仙山的药材不可以采摘，所需的药材到彩虹大道购买。从腊子口直接去彩虹大道，然后返回真味药庐，路途近一些。"我答应了，迈步下山。

真儿说："君子，你还记得瓦砚吗？"

我说："真儿，瓦砚是我随身携带的宝贝，像我的双手，已经是身体的一部分，何来忘记一说？"

真儿说："君子，我想说的是，瓦砚上的云纹。洮河绿石砚的石纹就像天空飘着的云朵，没有重样的。不同的砚匠，面对相同的一块洮河绿石砚原石，构思千差万别，再加上刀法的不尽相同，创造的砚台俨然是各领风骚，更何况是不相同的洮河绿石砚原石，年年创造，是灵感的表达，呕心沥血的创作，是真实的心灵写照。"

我说："真儿，你想说真正读懂老坑料，从内到外，用心思布局，用刀笔挥毫，成就洮河绿石砚，是千年以来每一位砚匠的毕生追求。"

真儿点头，独具匠心、万砚争辉，是洮河绿石砚的砚相，是名声显赫的真正原因。

六　名匠——真儿，铭刻心底的砚台

七月初七，七夕节的早晨，真儿对我说，今天辛苦点，中途吃一些干粮，下午赶到余庆酒肆休息，然后采购药材。我对彩虹大道、跌泉的景色记忆犹新，那里美丽的使人着迷、流连忘返，对余庆酒肆的美食也难以忘怀、垂涎欲滴，听真儿这么说，恨不能早饭、午饭都可以不吃，晚上在余庆酒肆就餐。于是我忙不迭地催促真儿，快走、快走，余庆酒肆的美食，像牵着放飞风筝的丝线的手，手放美食远，手收美食到。

我第二次到了断涧。经过最近一段时间在山中的磨炼，我可以伫立在海拔落差2000多米的悬崖顶端，1米宽的断涧旁，静静地聆听脚下的洮河水怒吼、拍岸的声音，猜测是不是洮河水到这儿感觉拥挤，还是跌泉的水花，像是高空抛物，砸疼了洮河的身体，才使得洮河水有了暴脾气。

跨过断涧就可以踏上彩虹大道，跨越断涧是对一个男人勇气的考验。

为了安全，我把所有的物品全部留给真儿，真儿嘱咐我，跨越前，先退后几步，打加力助跑，目视前方，使劲跨出一大步，就行了。说话间，真儿还抬头望了望脑袋顶的白云，颇具诱惑地强调："现在 4 点 30，咱们到 5 点就可以坐在余庆酒肆享受美食了。"

真的要跳，要说一点儿都不紧张是假话。但是我又不愿意表现出来，生怕丢面子。咬牙、默默地后退近 10 米远，睁大眼睛，拿出跳远的姿势，快速奔跑，感觉要踩到断涧边，使出全身力气，朝着高处、远处跨出右脚，在空中自己感觉右腿、左腿交换几次，落地时双腿靠前，想着重心朝前，谁知道偏偏是重心朝后，一个屁股蹲儿，直直地摔在彩虹大道的当间，与彩虹大道形成十字形，怀表也甩出去了。我尴尬地迅速从地上爬起，四处看看，好在没有人注意我，下意识地拍了拍屁股上的灰尘——实际没有灰尘，蹲下捡起怀表，4 点 40。这时，真儿携带物品跨越断涧，从容地站在我身旁，佯装不知我刚才的狼狈样——仰面八叉的屁股蹲儿，自顾自地欣赏正前方的七色彩虹划出的绚丽的半圆，我在真儿的引导下，专注地欣赏七色彩虹的万丈光芒，温暖、亲切。

　　遥远的七色彩虹桥就像是一位技法高超的魔术师，彩虹大道的人群被变得无影无踪，只有我和真儿并肩行走在彩虹大道上。我眼睛的余光看见从断涧方向飞过来成千上万只鸟儿，在领头鸟儿的引领下，搭成鹊桥——密不透风、密不漏光、依次有序地飞翔，头顶是鲜活的鸟儿，举手可得，我和真儿在鹊桥下行走，不约而同地屏住呼吸、脚步轻缓，害怕惊了鹊桥中的任何一只鸟儿，我们俩人极轻、极慢地步行了6米，鹊桥以6米宽的桥面飞越彩虹大道，感觉鹊桥始终架在我们两人的头顶没有移动，实际上，鹊桥自始至终都在移动，丝毫没有减慢飞行的速度。我希望鹊桥能持续的长久一些，我留恋奇迹。我眼前现出一点亮、一片光，鸟儿搭成的鹊桥飞走了，我的目光紧随但还是跟丢了，仅仅看到鹊桥飞往西方了，用"来无影、去无踪"形容鹊桥，十分贴切。随着鹊桥的离去，七色彩虹桥——魔术师也隐身了。

　　事后，真儿询问余庆酒肆的老板、活计和客人，询问彩虹大道南来北往的行人，竟然当时除了我们俩人之外，没有任何人在彩虹大道！那个时点，所有人都在跌泉边，观望天上彩虹吸水的神奇画面。

　　民间传说，七月初七，这一天看不见鸟儿，听不见鸟叫，鸟儿们都去银河架起鹊桥，那天是牛郎、织女鹊桥相会的日子。而我和真儿，在这一天的下午，在祖国大西北的黄土高原，亲眼看到鸟儿搭出来的鹊桥，亲自经历在鹊桥下，并且真实地穿越鹊桥，目睹鹊桥飞走。

这一刻，我的心情很复杂，不知道步行在鹊桥下有怎样的寓意？暗示着什么？

这一夜，月亮挂在高空，余庆酒肆的宾客、主人在谈论七色彩虹吸水的奇观，真儿和我安静地听着。认识金刀大夫的朋友纷纷以惋惜的语气，告诉金刀大夫，早来一会儿，就能看见七色彩虹吸水的壮观景象，跌泉向下流淌，被彩虹一吸，生生地向天上去，为金刀大夫连叹"可惜、运气不佳"。

这一夜，以前都没有听说过"七色彩虹吸水"，今天亲见一回奇观的人们，心情十分喜悦，如同盛大节日，老板冷蕊，与大家一起狂欢，全场免单，余庆酒肆当晚歌声不止、舞步不停、酒水不断。

这一夜，我和真儿无法融入欢乐的人群。真儿特意请冷蕊在余庆酒肆的外面、彩虹大道的石桌上，给我们来了一瓶横川酒。在道边的松树上，插上并点燃桦蜡。当红红的火焰跳动，我们各自琢磨傍晚行走在鹊桥下的奇遇，数不清的鸟儿从哪里飞来，搭成的鹊桥又要飞往何方？

沉默、还是沉默。真儿破天荒地呷了一口酒，打破沉默，向我讲述他与砚台的奇缘。

1. 第一方砚台——月兔杵药砚

真儿说，要谈他雕刻砚台的故事，就不得不说两个人，他的启蒙老师——爷爷和尹老夫人——鼎时医堂主人鼎时先生的高堂。

真儿的爷爷，人送绰号神刀张，在家乡名声显赫，擅长砖雕、木雕，尤其擅长砖雕的佛像，他雕的佛像具有造型端庄、眉目慈祥、线条流畅的特点，是乡邻喜爱、索求的圣物。神刀张总是利用闲暇抽空雕刻佛像，到每月的初一、十五，神刀张就会赠送给乡邻。

在真儿的记忆中，爷爷什么都能雕刻。小件的木制家具的雕花、门窗的雕花，大件的屋脊、房檐的雕刻，还有整个院落围墙、内墙的砖雕图案——孝义的故事、祝寿的寓意故事、多子多福的故事、状元及第的故事等，爷爷都能刻画得逼真、传神。

真儿小时候要帮忙干活，爷爷总是给他一个刻好的物件，让他打磨。如果是木制的雕花，第一遍打磨使用树皮的内侧；第二遍打磨使用粗麻布；第三遍打磨使用细棉布；第四遍打磨使用苏州绸。如果是砖雕的佛像、窗花、墙饰，第一遍打磨使用磨刀石；第二遍打磨使用玛瑙；第三遍打磨使用细棉布；第四遍打磨使用面团。不论是木制还是石制，打磨完成的标准是：用手抚摸，细腻、光滑；用目观看，光亮柔和、自然。

　　真儿大一点后想学习雕刻，爷爷说，工欲善其事、必先利其器，他给了真儿一把刻刀，要求他从练习磨刀开始。爷爷还告诉真儿，上乘的磨刀石有两个特点：一是软硬适度，二是能雕刻成物件儿。同时具备这两个特点，就是真儿甄选的标准。

　　磨刀要有磨刀石，在磨刀的过程中，真儿逐渐体会到，有的磨刀石石质太软，很快就会出现凹坑，不利于磨刀；有的磨刀石石质太硬，不仅磨刀费力，而且磨刀石会把刻刀划出伤痕，也不利于磨刀。寻找好的磨刀石，成为磨刀的一个首要的任务。开始的时候，找到一块石头就当是磨刀石，拿回家来，试着磨刀，发现不适合磨刀。经过一段时间的锻炼，直观地认识了磨刀石，要验证磨刀石的优劣，需要回到家中，用水淋在磨刀石上，一边磨刀，一边洒水，试刀的锋利、磨刀石磨损程度、使劲的大小。再往后，有了小窍门，在河边寻找磨刀石，直接拿出刻刀验证磨刀石的好坏，水、刀、石同时具备，感觉上好的拿回家，让爷爷评价，不理想的直接扔回河里，省去回家试验磨刀石，来回奔跑的麻烦。

　　磨刀的过程中，真儿有了意外的收获，对水的理解升华了——水，那么的柔弱，但是却很无私、亲和、强大。

真儿读懂了刻刀、坚石、水的语言。

金属的刻刀，锋利坚硬，磨刀的石头硬邦邦地告诉刻刀，我是王者，能战胜你。刻刀、磨刀石就像一对好斗的勇士，从出世那一刻起，注定碰面就是你死我活的争斗。只有柔软的水，是二者栖息的港湾。二者思考修身养性的哲理时，水是保护神，是依靠的怀抱；二者决定履行自己的职责时，水是润滑剂，磨刀石大度地成就了刻刀的锋芒；二者合作时，水牺牲了自己，刻刀在水上划过，留在磨刀石上，变成了美丽的作品——石雕。而水，清白的水，一刀、一刀地随着石屑，变浑浊了；清白的水，一刀、一刀，被分割成无数细小的水分子，魂飞魄散，融入蓝天白云。我忽然想知道，水有愁吗？试问清水几多愁？"一川烟草，满城风絮，梅子黄时雨。"①

磨刀石退让，甘当绿叶，成就刻刀锋芒毕露的王者地位。刻刀退让，磨刀石华丽变身为石雕艺术品，高高在上被人们宠爱。水呢？成就了磨刀石、成就了刻刀，然后悄然隐退，不惜带着石屑、带着满身创伤乃至魂飞魄散，不争而为。

磨刀的过程中，真儿读懂了石性、刀性、水性，如

---

① （宋）贺铸：《青玉案》。

同人一样，有性，有义、真心付出，就有回报。

神刀张期待的正是真儿的感悟——对石性、刀性、水性的感悟，磨刀的过程中，爷爷认可了真儿的悟性，用行话评价——人道了。

师父引进门，修行在个人。神刀张在寻找合适的机会，放手让真儿亲自历练。

真儿8岁那年的三月初三，神刀张接了一桩生意。洮州厅有一家中药堂——鼎时医堂，医堂位于洮州厅闹区的甲一街，该街道平分为东、西两部分，就两户人家。东边的这半条街，就是神刀张的雇主——鼎时医堂的鼎时先生的私宅，是一间三进三出的院子。临街的会诊楼，是一栋二层木楼的建筑，古色古香，传递着中正的医风、医德。神刀张的工作就是重新粉饰略显陈旧的会诊楼的门窗、整个院落屋脊的图案及其花园石墙的装饰图案，图案的画样由鼎时先生提供。神刀张决定带真儿一同前往，让真儿体会雕刻作为生计的艰辛，而非爱好的浪漫。

真儿说："没有想到，这一去，在鼎时医堂就是七年。"

鼎时先生的高堂尹老夫人，在当地，响当当出了名的两大爱好是烙馍和宠爱男孩。

烙馍是因为喜食烙馍，尤其喜欢猪油咸味芝麻馅儿、外沾黑芝麻粒儿的烙馍。烙馍要用模具，家中现存的烙馍的模具图案，是老人亲自挑选。花样繁多，总的说来，老人期望儿孙有福、平顺。一面是吉祥话儿，一面是水果、百花样儿。一锅馍装盘、端上桌，字面朝上能组成"福到眼前"、"一路连科"、"夕牛望月"、"松鹤延年"等；画面朝上能组成"石榴"、"向日葵"、"白玉兰"、"玫瑰"、"桂花"等。现存的模具不能有一点点的模糊，边牙不均匀、印纹有损的，要坚决丢弃，以全新的模具替换。

初到鼎时医堂，真儿尝试雕刻的第一件物件儿是面点模具。尹老夫人宠爱男孩，真儿在鼎时医堂一直很幸运。

神刀张告诉真儿，尹老夫人要刻新面点模具，提供的是枣木，新做的模具图案是双鱼儿，要表现出互相关爱的寓意。神刀张原本是想自己雕刻，但是，他觉得应该让真儿试试手，在反复强调木雕模具的要点是刀法简练，笔画要少，刻刀要深，印出的东西才能刚劲有力，印纹清新后，他问真儿："能不能按尹老夫人的要求，自己独立设计、独立雕刻一对模具？"

真儿不假思索地应允了，但他提了一个要求：枣木模具的料，按要求雕刻，但多给几块枣木废料，想试一试刻刀与枣木的刀感和枣木的图案效果。

神刀张将真儿的想法告诉鼎时先生，鼎时先生笑谈中告诉了尹老夫人，尹老夫人知道 8 岁的真儿——神刀张的孙子，有雕刻烙馍模具的手艺，自然格外喜欢，吩咐鼎时先生多给枣木，交代不论刻成什么样，都要鼓励。

真儿琢磨着要有一点新意，外观设计成线装书的样子，翻开，馍模的位置留出天头、地头，馍模的大小与月饼相同。右面一页刻有两个圆，刻的一样，都是内刻两条鱼——头、尾相连的追逐戏水的双鱼，左面一页刻有两个圆，分别是不同的文字，内刻楷书——"深"、"情"，将包好馅的馍放入模具，轻轻合上书页，"双鱼"追逐戏水的图案、"深"字、"情"字，就会印在馍上。

要把想法变成现实，完美地雕刻成型，真儿心中默念数遍，雕刻时聚精会神、一丝不苟，进刀的时候屏气凝神、手不抖、快速有力，刀笔的劲力深浅一致、印纹清晰。打磨环节格外小心，边牙均匀程度一致、字面光滑、模具看起来赏心悦目、使用时手感细腻，全凭着打磨手艺的娴熟。

真儿做足了功课，心中默记"双鱼、深、情"的样子，演练好多遍，终于上手雕刻并完成，反复打磨，平滑光亮能照出人影来，交给神刀张，得到神刀张的首肯，真儿兴奋得不知道该说什么，该玩什么。

几天以后，尹老夫人传话，她要用真儿雕刻的"情深双鱼"亲自烙馍，叫真儿去厨房，真儿生平第一次知道烙馍是怎么一回事。厨房里，丫头和面、包馅、咸味猪油芝麻馅儿，交给尹老夫人，尹老夫人和颜悦色地把模具递给真儿，真儿第一次翻开模具，合上，再翻开，轻轻一扣，两个馍"双鱼、深"，"双鱼、情"活灵活现地放在了案板上。尹老夫人扣两个，真儿扣两个，各自扣三回，12个馍，12条双鱼被放进平底铁锅。尹老夫人开心极了，亲自坐在风箱前，一边添柴火，一边拉风箱，一会儿起身，掀开锅盖，拔出头上的一支银发簪，在每一个馍上分别扎几下，盖上锅盖，又拉了一阵风箱，再一次起身，掀开锅盖，用右手拿起一个滚烫的馍，右手、左手飞快交替推着馍，像行进中的马车轮子，依次把其他的11个馍全转了一遍，盖锅盖，撤火，馍熟，芝麻的香味飘满空中。真儿拿着尹老夫人给的两个热气腾腾、散发着芝麻香的馍，跑去找爷爷，拿给爷爷看。

爷爷看着馍，夸奖道："第一次活做成这样，相当不错。"

那以后，尹老夫人将真儿带在身边，专门请名师教真儿刻面点模具、石质印章、玉石的把玩件，让真儿跟她的子孙一起读私塾、学中医。

真儿说，尹老夫人家中的私塾和鼎时医堂，众多的男孩，全都是像真儿一样，不沾亲、不带故的，尹老夫人出资培养。尹老夫人宠爱男孩有名，对男孩的教育有方更出名。

尹老夫人常对真儿说："艺不压身，艺要精。雕刻是手艺活，要想出人头地，人捧不出来，靠文化捧。借助他人文化能提升自己，但是，自身文化的修为才是根本，才是王道。学中医，仅仅勤奋不够，要有天分和仁慈之心。没有天分、仁者之心，当不了大夫，强迫自己，只能是误人误己。"

真儿说："尹老夫人的话，我牢牢记住并敦行。我在鼎时医堂学习的七年，成就了现在的我和真味药庐，努力做一个真正的文化人，是我毕生的追求。名砚匠、名大夫的称谓，是虚名，我自己知道自己的分量。"

有了神刀张、尹老夫人的教诲，当机遇巧合降临到真儿的身上时，他幸运的小有成就。

在洮州厅，能有一方洮河绿石砚台，那是众人的梦想，原石的获得极其困难。老一辈人经常讲，每年的七、八月份，山中大雨或暴雨过后，山洪会将洮河绿石砚的原石冲到洮河岸边，尤其是靠近喇嘛崖底的洮河岸边原石最多。认识的人，能捡到绿色的洮河砚原石。真儿记在心里，他同许多人一样，每年的七、八月份，遇到下雨天，便沿着洮河岸边，走数公里地，特意寻找原石，在 11 岁、鼎时医堂的第三年的夏天，在 14 岁、鼎时医堂的第六年的夏天，各捡到一块原石，验证老一辈人的话一点儿不假。

真儿说，11岁那年的夏天，从鼎时医堂出门，冒着雨沿着洮河边，瞪着眼寻找，一直到雨过天晴，依然是一无所获。看着天上热烈的太阳，长叹一声，耷拉着脑袋返回鼎时医堂。走累了，坐在洮河边的一块大石头上，双脚泡在河水里，低头、弯腰，双手掬水洗脸。在视线的正前方，有一块巴掌大的卵石，石头上长满绿苔，此刻的真儿有些倦意，看那块卵石，好似绿油油的光芒洒在懒懒的河床上，一副惬意地赖床不起的样子，清澈的河水一遍又一遍催促，快快离开温柔乡。"还睡？"直看得真儿心生嫉妒，探身将它抓将过来，卵石很滑，差一点掉回河里。他想把绿苔洗掉，却发现那绿色不是河苔，而是石头本身的颜色。更让真儿吃惊的是，石纹呈现出一轮弯月，外带几个黄色的小点点缀其中，非常好看。真儿把石头揣在怀中，兴奋地跑回鼎时医堂，直奔尹老夫人的上房，将卵石交给尹老夫人："我捡的卵石，好看不？"

尹老夫人满心欢喜："真是好看。"

一会儿的工夫，鼎时先生和神刀张都来到上房，尹老夫人拿给他们看，鼎时先生敲了敲，点头道："声音对，铜钉也对。"神刀张掂了掂："重量对，软硬度也对。"

尹老夫人高兴地对我说："真儿，你捡的这块石头，就是洮河绿石砚的原石，老天不负有心人，你坚持 3 年，终于在洮河岸边捡到了。"

听到这话，真儿有些发懵："我当它是普通的卵石，只是觉得好看才没有扔掉，原来是洮河绿石砚原石。有眼不识金镶玉，差一点就错过了。"当时的他感觉走路都是深一脚，浅一脚。

后来，有好多人都来观看洮河绿石砚原石，至今，我清楚地记得：尹老夫人亲自下厨，烙馍——咸味猪油芝麻馅儿，只给真儿一人吃，并宣布洮河绿石砚原石属于真儿，由真儿雕刻洮河绿石砚。

真儿的第一方砚台的原石，就是这样得到的。

第一方砚台的雕刻过程，比较原石的获得，则轻松许多。

真儿面对这块原石，首先用刻刀铲除多余的部分，规整为长 17 厘米、宽 13 厘米、高 7 厘米的长方体。随着刻刀一刀一刀铲除原石边角过程的完成，逐渐驾驭刀笔在原石上的使用，如：直线、圆弧、叶形、深浅度和立体感等，他游刃有余的刀法，就好似庖丁解牛的高超刀法，刀落在牛的不同部位，能听到牛解体的哗啦声，而庖丁的刀，完好无损，庖丁踌躇满志的神态就是真儿的写照。

首先，真儿在用刀笔切削、打磨原石的形体时，也深谙石性：从厚度即高度来看，通体绿色，并伴有金星，从正面看，竖起来，金星集中分布在"天上的西边"，零星的金星在"天上的东边，新月的旁边"。

其次，真儿熟悉石性时，已经在心中构图，默记、熟记它的模样，做到闭上眼睛，脑海里全是原石的影子，浅绿、浓绿、接近蓝色的深绿，在它的不同位置的变化，众多的金星相连变化的图形，沉迷其中，持续一个月有余。而后，用一小截碳棒在原石上画出"月兔杵药"草图，然后仔细琢磨，又总是感觉画面单薄，砚台左侧留白过多，冥思苦索几日，增添桂树，形成月兔杵药的布局，天上、地下、左右协调，颜色的利用十分和谐。可以开始雕刻了。

再次，真儿选择刀笔，着实花费心思。合金刀还是金刚石刀？从功能上说，合金刀只能切削，而金刚石刀不但能切削，而且能研磨，事半功倍。真儿请教鼎时先生，先生建议使用金刚石刀。他山之石，可以攻玉。同样是石头，石性相近，惺惺相惜，更能表现原石的本质，胜于合金刀。

真儿的这把金刚石刀值得一提，是他的爷爷传给他的。刀身长 12 厘米，宽 2 厘米，前 10 厘米是无色透明的，后 2 厘米是黑色不透明的，珍贵之处在于颜色的过渡非常自然，像是粘连的，但实际上是天然、完整的一块，外观极佳。为保证打磨、抛光的质量，特意备选石榴石磨石，以备不时之需。

最后，真儿做雕刻前的实物准备工作，原石、碳棒、金刚石刀、盛水的盆。

为支持真儿，尹老夫人特意差人送来两个盆，一个是铜盆，另一个是玉盆。玉盆白色透明，有绿色线状的丝絮点缀盆边儿。太贵重了，吓得真儿目瞪口呆，不敢碰。尹老夫人听说真儿的反应，迈着三寸金莲，亲自看望，开导真儿："玉盆说到底还是石头，是祁连山的玉石，结实得很。它是一整块料，掏出来的，盆底的厚度8厘米，盆边儿6厘米，接大半盆水，加你的那块原石，富余得很。你不要被它透明的外表蒙骗，觉得不结实、容易破碎。"末了，玩笑说，石头盆接水装石头，真儿用石刀刻石头。

在尹老夫人的命令下，真儿双手端起玉盆，走到院子里的水井边，摇轳辘，打了小半桶井水倒入玉盆，端回房间，放在雕刻桌上，并把原石放进玉盆，真儿和尹老夫人一同欣赏玉盆里的原石，犹如观赏金鱼一般。

尹老夫人一边看，一边不忘教导真儿："多贵重也是石头。人要能凌驾物件儿之上，不要让石头主宰了你。"真儿随口回答："那还用说。"

真儿经过精心准备，顺利地雕刻并完成了月兔杵药砚。它仿唐朝抄手砚的形制，铲出墨池。周边修饰图案是 13 厘米的宽边儿，绿色被当做浩瀚的天空，中间靠右一点儿，白兔怀抱药臼，右手握杵做捣杵状，坐在石纹组成的弯弯新月上，似荡秋千，一双眼睛巧用两个金星，神采奕奕地遥望对面的桂树，17 厘米的长边儿，桂树生长茂盛，用镂空的刀法雕刻桂树的树干，笔直、修长，为突出立体感，树丫雕刻了 7 层，树叶分别向砚台的侧面和新月延伸，金星成了桂树盛开的花朵儿，有三五颗金星组成一簇的花朵儿，还有两三颗金星组成一簇的花朵儿。侧面，与桂树树丫延伸的相对的地方，用阴刻的刀法题写"月兔杵药"。

真儿紧紧地握住月兔杵药砚，用肩膀推门而出。呀，月光皎洁，这么晚了，给谁欣赏？

真儿独自站立在屋檐下，听一片、两片、三片树叶飞落的坠地声，然后又返回房间，躺着床上，闭眼数 1、2、3……起身第二次推门而出，月色格外明朗，真儿独自信步来到竹园，听翠绿的幼竹长高的啪、啪、啪的炫耀声，凉风习习，竹叶哗哗，转身回到房间，再次上床，闭眼数 1、2、3……起身第三次推门而出，月色明晃晃，寂寥无助，低头看纤长的身影一明一灭，无奈回到房间，第三次上床，昼永锦衾难受，都只为月兔杵药砚无人赏？

天大亮，真儿却在犹豫，内心胆怯，全没有昨夜的勇气，担心月兔杵药砚会被人笑话。踌伫，走出房门，又退回房间，转念一想，总要交差，活好活孬已经成局。随后他果断地去上房见尹老夫人，问好后，将月兔杵药砚放在"八仙桌"上，低下头低声说："老夫人，刻好了。"真儿心中忐忑，不敢抬头，偷眼瞧尹老夫人的表情——喜气洋洋、很高兴的神态。神刀张、鼎时先生先后来到上房，验收月兔杵药砚。

神刀张摸了摸真儿脑袋，得意地说："好孙子，不错！"

鼎时先生拍了拍真儿的肩膀，自豪地说："孺子可教也，打 4 分。"

听到消息的身份人，陆续来到上房，恭喜尹老夫人收得的好学生，夸奖月兔杵药砚的不俗。构思巧妙，刀笔精湛，原石来历的奇缘、正宗，仿唐的抄手砚制式，配合得相得益彰，是一方十分好的洮河绿石砚。

尹老夫人大喜，当着众人面宣布三件事，第一件："真儿的月兔杵药砚，好砚！"

众人齐喝："好砚！"

第二件，庆祝真儿雕出好砚："烙馍，大家伙儿都有份，咸味猪油芝麻馅儿。"

众人齐喝："烙馍，好馍！"

第三件，奖励真儿雕砚的小成就："送真儿一个小玩意——玉盆，就是陪伴月兔杵药砚全过程的那个玉盆。"

众人齐喝："好赏！"

众人中，传来窃窃私语，祁连山玉制作的玉盆，纯净、透亮、细腻、绿丝点缀，最难得的它是一整块料，是个宝物。神刀张刚刚想要发话，被尹老夫人威严的目光制止，私语声也戛然而止。

尹老夫人温柔地对真儿说："砚台喜水，玉盆养砚，好马配好鞍。"

真儿大胆提要求："老夫人，您送我玉盆，我还想要两条活金鱼，一起养。"

尹老夫人抿嘴一笑："小子，有良心。就给你两条金鱼儿。"

11 岁，真儿成长中的大事，月兔杵药砚得到认可，拥有了第一方洮河绿石砚，也获得了一个雅号——小金刀。

2. 第二方砚台——蟠桃祝寿砚

真儿说，月兔杵药砚刻成的消息不胫而走，鼎时医堂陡然来人剧增，全是为观砚台而来。

最初是为看砚台，谈论话题也就是它是洮河绿石砚，喇嘛崖老坑料果然细腻，水灵灵的，摸起来手能掐得动似的。有好事者还要研墨，试一试发墨的快慢，舔笔感受是否损笔，倒也是围绕砚台的基本功能进行。

后来，月兔杵药砚的附加功能出现了。传说男娃儿摸一下，会变得聪明，交好运。女娃儿看一眼会变得漂亮、貌美。

再后来，月兔杵药砚被传成仙了，鼎时医堂高超的医术，是月亮里的玉兔下凡。

再再后来，不是观砚，演变成了各种人情，有借的、花钱买的、明着索要的。

这时，真儿感觉到了宝物带来的烦恼。不久，真儿体会了宝物带来的伤害。

有一天，真儿的本家哥哥来到鼎时医堂找到真儿，说他媳妇病了，借月兔杵药砚冲一冲，人高兴了，病也能去一半。真儿二话没说，借给了本家哥哥。第二天晌午，鼎时先生告知真儿，月兔杵药砚在一位权贵（鼎时先生曾经拒绝的权贵）手中，是你的本家哥哥的上司。

真儿意识到月兔杵药砚的命运，是"刘备借荆州，有借无还。"欺骗，使他愤怒。他悲伤、无奈的是，本家哥哥利用信任，不惜诅咒亲人的健康，讨好、献媚上司，一系列的丢脸行为，让真儿无地自容。真儿感觉自己在鼎时医堂抬不起头来，在尹老夫人面前羞愧难言，火急攻心，一下子病倒了。

祸兮福之所倚，福兮祸之所伏。真儿在病榻上，感受着亲情、友情。

爷爷神刀张放下手中的工作，日夜陪伴。

尹老夫人每日差人送来可口的饭菜，询问康复状况。

鼎时先生每日过来亲自为真儿把脉，调整药方。

鼎时医堂的师兄弟，轮流与他聊天，劝真儿不要为本家哥哥担责、替他人蒙羞，众人分得清谁是谁非。

更有好心人送来"原石"，留下简单的一句话："小金刀，也许用得到"。很快，鼎时医堂的诊楼里堆了许多大大小小的"原石"。

真儿病愈后，在鼎时先生的帮助下，对诊楼的"原石"进行甄别，全是些普通的石头，不适宜雕刻砚台，但是，有一些可以雕刻成实用的石刻作品，比如印章，镇纸，石枕——灌满凉水，夏季睡觉时使用，暖壶——灌满热水，冬季可以暖手或暖脚，其余的石头全部搬回洮河。

以后的日子里，真儿闲暇时间雕刻印章、镇纸、石枕、暖壶，鼎时先生依据病患者的体质，将石枕、暖壶送给患者，进行辅助治疗。需要印章者，留下姓名，刻好后直接取走。镇纸谁需要，随时拿走。这样的习俗持续了下来，医堂的学徒上山采药时，留心寻找原石，后来，雕刻石枕、暖壶，赠送病患者，成为鼎时医堂的一个特色。

日子平静地过着，真儿在夜深人静之时，会想起月兔杵药砚，心情波动时，神刀张的话，总在耳边响起：

"有些东西太珍贵，你修为、福分不够，镇不住。就像月兔杵药砚，它是喇嘛崖宋代老坑料的一块石头，原本自然美丽，属于洮河大床，你有幸捡走，而且被你雕刻成为一方砚台，图案喜庆，刻画也较为传神。它贵重在原石本身，而不是你的刀工。你起的作用，是让石头羽化成砚台，俗话叫点石成金。而真儿，你还是普通人一个，今后努力修为是正事。"

平静的日子总是短暂的，石头——美丽的石头，总是让真儿受伤。

有一天下午，鼎时先生坐堂，真儿抄方。有一位患者——广三，广家行三，大家伙儿都这么称呼，看完病后，从怀中掏出一块石头，抵诊金。石头碧绿，阳光照耀下金光闪闪，等候就诊的病人纷纷夸赞是上好石头。鼎时先生拒收，高声吩咐："广三免诊金，原石带回，施药三剂。"

广三坚持将原石放在医案上，拿了三剂药走了。

鼎时先生对众人说："原石有裂缝，位置居中。"

众人依次看原石，看后惋惜："裂纹的位置处在中间，废了。"

有人提议说："鼎时先生，这块料刻砚台是不可能了，废了怪可惜，让小金刀试试，做两三件小玩意儿，也不算浪费。"

　　鼎时先生反对："原石的主人是广三，由小金刀变废为宝，名不正、言不顺，不行。"

　　有人力劝鼎时先生："广三是不要了，才提出抵诊金的。假如是完整的，它值三剂药钱？"

　　鼎时先生眼见众人心如明镜，不好推辞："真儿，你就试试，刻出一二件把件，也不枉众人的好意。"

　　真儿看过原石，心中狂喜，凭借相石的扎实功底，他判定这是一块喇嘛崖宋代老坑料，可惜有残。听到鼎时先生发话，真儿点头领命，捧着石头的双手，不停地发抖，这是一块让真儿心仪的原石，但是，事后，也是重创真儿心灵的原石。

　　当天的晚上，真儿依旧给玉盆里的一双鱼儿喂食，他告诉鱼儿，今晚有一个美石小伙要与你们玩耍。

　　真儿用铜盆接水，用毛笔仔细将石头清洗干净，端详良久。它像一个桃儿，长 26 厘米，宽 15 厘米，厚 9 厘米，是非常适合雕刻砚台的尺寸，石质紧密、细腻，沉稳不发飘。颜色碧绿带黄膘，黄膘偏向右侧，金星集中在桃儿的蒂把儿处，美极了！可惜，一道裂，从长 26 厘米的中间，桃儿的蒂把儿处向桃儿的中部延伸，到宽 15 厘米的中间，忽然没有了，桃儿的脸上有一道疤痕似的。

　　这一道裂缝，让真儿心痛至极。缓慢将其放入玉盆中，让"深"、"情"两只鱼儿熟悉熟悉，慢慢地琢磨雕刻成什么物件儿，心中暗自发誓：不能给鼎时先生丢脸，要对得起小金刀的雅号。

两个半桃儿，能设计成什么样子？数日的冥思苦想毫无进展。又是烦愁夜，从玉盆中取出原石，除了桃儿的蒂把儿外，水汽同时消失。真儿大喜，这意味石头的裂缝很浅，刻砚是完全可能的。凭借手感，真儿左右、上下拍石头，石头有动感，像拍熟透了的西瓜似的，有晃动的感觉。真儿再次确定了裂缝很浅而且不会超过宽度的 7 厘米位置。他心中狂喜，用金刚石刀轻轻敲击桃儿形状的原石，声音清脆、悠扬，好似弦说？

这方砚台的外形设计仿蟠桃，带盖儿，取名蟠桃祝寿砚，雕刻的过程，分以下几个步骤：

先说盖儿，在蒂把儿下方，掏出 2.5 厘米厚度的圆形砚盖儿，裂缝的深度只有 1 厘米，将其铲平，只留盖钮 1 厘米，砚盖的厚度 1.5 厘米。盖钮刻成孙悟空蹲着吃蟠桃的样子。

再说砚身，在长 26 厘米的中点，13 厘米处，加深了蒂把儿，使其更像蟠桃的蒂把儿，对应的底边的 13 厘米处，刻出了一个小窝儿，铲出有棱角的地方，保持了宽 15 厘米的扁圆形的蟠桃样儿。蟠桃的内部，铲出一个圆形水池和一个圆形墨池。砚身靠近蒂把儿的金星，成为王母娘娘服饰上的华丽装饰，石纹组成的祥云隐隐约约。底边儿的小窝，采用阴刻、阳刻的刀法，勾勒出几位神仙躬身作揖的模样。

整体看，右侧的黄膘是蟠桃朝阳面的，左侧碧绿是蟠桃阴面的。盖上盖，孙悟空蹲在中间，上有王母娘娘，下有神仙。无盖，则是神仙直接为王母娘娘祝寿。

原石很细腻，打磨、抛光不费力。

完工后，白天浸泡在铜盆中，晚上拿出，用细棉布擦拭干净，将不圆滑的地方小心修正，服饰不够流畅的地方小心修改。如此重复七天，自己挑不出毛病，这时，使用朱砂笔，侧面题写"蟠桃祝寿"，圆满收工。

七天后的清晨，担心叨扰尹老夫人的休息，真儿将蟠桃祝寿砚直接带到鼎时医堂，交给了鼎时先生，并说明："想将蟠桃祝寿砚献给尹老夫人，图个吉利，又恐影响老夫人休息，所以直接带到了医堂的诊楼。"

鼎时先生有一些诧异："真儿，裂缝不影响吗？"

真儿回答："裂缝很浅，只有1厘米的厚度，也不长，只有7厘米的长度。掏砚盖，雕刻盖钮，就避开了。"

鼎时先生夸奖："你对石性的判断很有天赋。刀法上乘，构思独到，相当不错。"

鼎时先生夸奖时，真儿听出了他语气中深藏的担忧。

看病的患者来了，见到蟠桃祝寿砚，喜欢的很多，表扬的也多，恭喜鼎时先生的也很多，有人说，手巧的徒弟，能将废料变宝物，也有人说，人家运气好，捡了一个大漏，等等。

当天午饭时间，鼎时先生将蟠桃祝寿砚呈给尹老夫人，说明真儿的意愿。尹老夫人十分欣赏蟠桃祝寿砚，点评道："第一好，砚盖儿的钮，这么小的地儿，孙悟空蹲着吃蟠桃，表现得跟真的似的，微雕的功夫精进不少。第二好，这么多的金星，装饰的服饰不零乱，而且线条流畅，体现了王母娘娘华丽、高贵的气质，砚下方，神仙们祝寿时谦卑的神态很是传神。第三好，蟠桃的外形暗喻蟠桃会的场景，把祝寿讲出来了。"

但是，尹老夫人话题一转，迟疑片刻，继续说道："真儿，你要有准备，这方砚台你留不住。因为师出无名。原石是广三的，不是你的，你权当练手了。这回的教训，责任不在你，而在鼎时身上。"

果然，几天后的一个下午，广三来到鼎时医堂索要蟠桃祝寿砚，众人愤怒，谴责广三的不雅行径。鼎时先生哈哈一笑，阻止了众人，让广三拿走。

虽然失去了蟠桃祝寿砚，但是，鼎时医堂的名气更响了，小金刀的刻砚名气也上了一个新台阶，雅号更响亮——名匠小金刀。

真儿感觉很无奈：废料，有瑕疵的料、被他人遗弃的料，自己耗心血、耗精神、耗气力促成转变，雕琢成有用之物，显贵了，却不属于自己了。

有得有失，真儿想明白了：原石的来路，要明白、要体面、要高贵，传承要有序，雕刻的作品才能正气浩然、天长地久。

3. 第三方砚台——三羊开泰砚

真儿经历了月兔杵药砚和蟠桃祝寿砚的历练，似乎一下子长大了。尹老夫人常说，磨刀不误砍柴工，多学文化，才能走得更高、更远。真儿记在心里，他把心思放在私塾、医堂上面，平日里为了患者的需要，刻得最多的依旧是石枕、暖壶。和在医堂抄方、制药比较，真儿喜欢跟随鼎时先生上山采药，一走好几天，不仅能不断地学到私塾里书籍没有的知识，而且能开阔视野。几年下来，方圆百里的上百种药材产地和集散地已经熟烂于心。鼎时先生偶尔也会让真儿单独采药，锻炼成长。

九甸峡森林茂密，每年惊蛰过后，山中的蛇、蝎子等陆续活跃，端午节后，伤人的事情会增多。14岁的那一年，真儿在鼎时医堂学习的第六个年头，惊蛰刚过，鼎时先生备足治疗蛇毒的内服、外敷药，派真儿送到位于九甸峡最高位置的六殿峡的彩虹大道的余庆酒肆，由冷蕊免费送给需要紧急救治的人。

真儿去的时候走的是山路，他跳跃断涧，直接到达余庆酒肆，将疗伤药交给余庆酒肆的主人——冷蕊，便急于返回。冷蕊嘱咐真儿，惊蛰后，洮河水不能直接喝，各种虫卵复苏、长大，她吓唬他说："你喝了洮河生水，凑巧的话你肚子里能长出一只癞蛤蟆！"她给真儿一个灌满热开水的铜壶，外面有一个牛皮袋，可以挂在脖子上且可以防烫伤。

真儿当着冷蕊的面把铜水壶挂在了脖子上，随后告别冷蕊，抄近道返回鼎时医堂。沿着断涧，灵活地下到山底，他想双脚蹚着洮河水走，一只脚刚踏进河水，河水太凉，激灵的他又跳回岸边。

真儿从鼎时先生那里学了一丁点"观云望月"的本事，时常练习。这会儿，习惯性地练习"观云"，却看到了奇迹：在跌泉的上方，有一道七色彩虹，圆形，七色圆圈的彩虹！以往的彩虹是桥型，今天的却是圆形，似十五的圆月。仰望七色圆月，双脚追逐彩虹，眼见七色逐渐减退成六色、五色、四色、三色……脚底被石头绊了一跤，手撑在河水里，人匍匐跌倒在河中，呛了一口水，像是朝拜彩虹一样。真儿抬头，两手撑地，想一跃而起，结果手下打滑，又摔了一跤。心里较劲，再次跃起，手下刺溜一下，又重重摔了一跤。真儿心中不服，低头看手中滑溜溜的东西到底是什么。

真儿这一看不打紧，心狂跳不已，手下的竟是"鸭头绿"① 上镶嵌罕见的"冰雪斑"。难怪刚才连着摔了三跤，原来是七色圆月彩虹送我宝物，让我朝拜感恩！

双手捧着"鸭头绿"，对着云朵表达谢意，圆月彩虹消失了。

真儿临时改变主意，收好宝石，攀爬断涧，重新回到余庆酒肆，住宿一宿，放弃一个人独自赶路的计划，天亮与商队一同下山，返回鼎时医堂。

尹老夫人询问鼎时先生，过了 5 天了，真儿怎么还没有回来？

鼎时先生回复尹老夫人，冷蕊捎信说，真儿跟商队走的，自然慢些。私底下，派医堂的大伙计，骑马迎接。真儿距离鼎时医堂最后十里地，大伙计找到商队，骑马接真儿回来。回到鼎时医堂诊楼，真儿向鼎时先生请安，已经有人给尹老夫人报真儿平安回来消息。

尹老夫人亲自来到诊楼，怒气冲冲，真儿不敢开口说话，只是递上"鸭头绿"，老夫人"哼"了一声，没有理睬真儿弯腰递上的东西，鼎时先生两手接住，说声"真沉"，放在桌子上。

真儿一边小心观察尹老夫人的表情，一边小心讲述，

① 祁殿臣编：《艺斋瑰宝洮河砚》，甘肃民族出版社 1992 年版，第 228 页。

怎样看到七色满月彩虹，怎样摔了三跤，怎样得到"鸭头绿"，怎样跟着商队白天行走、夜晚住宿，怎样遇到大伙计回到医堂的过程。

尹老夫人闻言，感慨万分："真儿，你与洮河绿石砚三生有缘，必将终为石所累，真是逃不掉的使命。你命中占一金，金与石同是阳物，是性子刚烈一族。金遇到火则生，真金不怕火炼；美石遇到火则毁，灰飞烟灭。但是，真金、美石都喜欢水，有真金的地方必有水，美石亦在水中滋润。点石成金很难，你要有准备。"

真儿听不懂，医堂的师哥、师弟们也听不懂。

尹老夫人没有细说，只是当着众师兄弟的面，用命令式的语气说："真儿，你要记住，养家糊口的营生，必须是当大夫，坐堂看病。刻砚仅仅是业余喜好，闲暇时的修身养性。假如你日后以刻砚为生计，鼎时医堂必将除名。"

老夫人稍微顿一顿，进一步要求真儿起誓。

真儿不知为什么，但是还是遵照尹老夫人意愿，承诺："真儿一诺千金，谨记尹老夫人所言，生计是生计，喜好是喜好，绝不食言。"

到这会儿了，鼎时先生夸奖真儿长大了，知道保护自己了。鼎时先生又对真儿说："这一块石料，是鸭头绿带冰雪斑，是难得的极品料。好好琢磨该怎么样雕刻。"

鼎时先生对在场的男孩们说："砚台构图的方法，是心中有画。画从何处来？深刻领悟'惟江上之清风，与山间之明月，耳得之而为声，目遇之而成色；取之无禁，用之不竭。是造物者之无尽藏也，而吾与子所共适'的含义，彻底明白了，砚台的构图就会游刃有余，不会时常出现黔驴技穷的局面。"

尹老夫人待鼎时先生讲完了，用右手食指杵真儿的额头："傻小子，运气不错。"然后就回上房了。

鼎时先生挥挥手，大家伙儿各自干活，鼎时先生让真儿放假，说是车马劳顿，让他休息半日。

真儿说："以前刻的月兔杵药砚和蟠桃祝寿砚，都是天上的题材，表现美好的传说、虚无缥缈的幻境。这一回，我要脚踏实地，雕刻常见的东西，展现鸭头绿、冰雪斑的质朴、美丽。"

真儿依照先修外形，了解石性，进而落图的自定原则，开始打造这块砚石。

真儿把"鸭头绿"又铲又磨，砚身变成中规中矩的长方体，18 厘米长，13 厘米宽，9 厘米厚。

砚盖儿有 2 厘米的厚度。砚盖儿正中的砚钮采用镂空技法，利用金星、冰雪斑，雕成一只展翅的金色蝴蝶，翅膀上冰雪斑点清晰可见。

砚台留两个池子，一个墨池，一个水池，墨池和水池都下挖 3 厘米，镟成太极图形状。太极图的上方，是卷云纹、金星的混搭，连出一个太阳，用刀将稍远的金星和侧面即厚度上的金星延伸，刻出金光的视觉效果，好似金灿灿的阳光穿透云层，勃发而至。太极图的下方借用涟漪纹，加上鸭头绿的绿色，就像是洮河水在流淌，风吹过水面，一圈一圈的水纹逐渐放大。冰雪斑被连成三只幼羊，神态毫不畏惧，富余的冰雪斑弱化成远处低头吃草的羊群。

如果盖上砚钮，则天上的太阳放着金光，温暖地照着鸭头绿色的大地，河水边，羊儿在吃草，羊儿的头顶有一只金色蝴蝶展翅欲飞，炫耀它冰雪斑的花纹，舞动不前。

春天，草肥羊美，怡然自得。

侧面，笔刀书写："泰：小往大来，吉亨。"

真儿说，泰砚完成后，他特别自信，高兴地请尹老夫人、鼎时先生和师兄弟们提建议，众人都说，生动、有趣味。

尹老夫人说："有长进，还要好好学习，进一步提高。"

鼎时先生说："叫泰砚，显得严肃，砚台上有三只羊，笔刀书写'泰'，合起来，叫三羊开泰砚更贴切。"

真儿说："好，三羊开泰砚！"

师兄弟们都说："好！"

三羊开泰砚让真儿有了一个新雅号——金刀大夫，由师兄弟叫响的，刻砚、学医全都涵盖在内。

尹老夫人大加赞赏："金刀大夫，好！看病救人的能耐要达到这个水平，了不起。真儿，你要努力，争取早日配上金刀大夫的雅号，先叫起来。"

从那以后，真儿越发努力用功，平时将三羊开泰砚摆放在鼎时医堂的诊楼，抄方、学习时使用，劳累时，看一看蝴蝶展翅欲飞的样子，读一读"泰：小往大来，吉亨"，激励自己不能懈怠。

真儿说，有了成绩，自信随之而来。三羊开泰砚让真儿走路都是面露微笑、挺胸抬头，有了男子汉要学仙山那样的山的目标，也有了成就大事业的愿望。

这一年的九月，两当有一位老寒腿的患者捎信鼎时先生，需要几副膏方，真儿争着要去送，鼎时先生应允并备好膏方，大伙计牵着雪儿在门外等候。要上马时，想起了三羊开泰砚未带，临时将膏方的包袱解开，特意将三羊开泰砚也包在包袱中，绾好，斜挎在胸前，骑着雪儿出发了。

鼎时医堂规定，出诊、送药，要骑马疾行，不能延误，挽救患者的生命，就是大夫和死神争分夺秒抢时间，缓解患者的不适，就是大夫和瘟神争分夺秒抢时间。

真儿风餐露宿，马不停蹄地两天赶到两当，将膏方送到患者手中。返回时，心疼雪儿，徒步行走，雪儿是向导、伴侣，需要向左或向右时，雪儿长鸣，脑袋偏向左或右，指引回家的路。

在卓尼地区，每年的九月，山里的雨水变得稀少，到十月，大雪封山，道路十分难行，只有常年走山路的人们有经验、有胆量，才能雪天出行。真儿心里琢磨，十月到来年的四月不能进山，趁这次机会，何不绕道九甸峡的第五峡，看看张师的胃病是否反复，也好告诉鼎时先生。打定主意，说给雪儿听，雪儿很高兴，脑袋向右一歪，真儿紧跟其后，转了方向直奔第五峡张师家。

第五峡的峡谷宽敞、平坦，断流的河床赤裸地暴露在阳光下。真儿和雪儿行走在河滩上，马蹄声不紧不慢地传向远方，河滩上的石头大小不一，有的圆滑，走不稳，有的硌脚，站不住，真儿伸展双臂找着平衡，前后左右晃悠，专注地行走。

轰隆隆，似打雷声响起。真儿抬头，天上骄阳似火，没有下雨的迹象。雪儿有一点不安，用嘴推真儿，真儿说，不要闹。依旧专注地抬起那只脚，去踩那块卵石。

轰隆隆，响声越来越近、越来越大，真儿纳闷：哪里来的声响，听得这么真切？回头一瞧，惊得目瞪口呆：山上发洪水了。大石头在前面翻滚，半截子树木横冲直撞的抢跑，似乎恐惧紧随其后的洪水的惩罚。真儿的脚粘在河床上，似乎迈不动了。雪儿嘶鸣，用脑袋顶真儿，真儿站在原地不动，雪儿跑着圈，嘶鸣不已，真儿傻呆呆，木桩子似的，雪儿突然用嘴咬住真儿的左膀，拖着真儿转身，朝着洪水垂直的山坡方向飞奔，真儿只觉得眼前是黑漆漆的一片，很漫长，时间停在黑夜时分。他隐约感觉到是雪儿咬着他，从洪水的肚子底下爬出来，雪儿松口，真儿摔倒在山坡，雪儿的后腿全是擦伤。

轰隆隆，震耳欲聋的轰鸣声，像是洪水的先行官，鸣锣开道："拦路的巨石、挡道的树木、天上飞的、地上跑的，你们听着，尽快地回避，否则，洪水无情。"话落洪水到，湍急、一泻千里的冲劲，势不可挡，旋涡搅起的圆圈，越来越小、越来越深，没有被吞进去的树木和石头，勇往直前地发威，洪水流过之地，巨石移位、大树拦腰折断、生灵涂炭。

轰隆隆的声音，在短短的几分钟内戛然而止，消逝的无声无息。真儿仔细地清洗雪儿的擦伤，想涂抹创伤药，发现包着三羊开泰砚和药物的包袱丢了。坏了，雪儿是自己的救命恩人，没有药物止血，该怎么办？

真儿大声责问洪水："你还要吃药、用砚不成？"内心着急，四下里张望，还好，山坡上有止血的树叶，真儿采得，用嘴嚼碎，涂抹于雪儿的受伤处，雪儿需要静卧一段时间，待血凝固后，方可行走。今晚就只有借宿在张师家中。

真儿看着被洪水冲刷过的地方，东倒西歪的树木，乱七八糟的石头，压倒的小草，满目狼藉。但是，也是新生命重新开始的地方。

真儿和雪儿在张师家里休息两日，原本是复诊张师胃病，反而添麻烦给张师，随后，张师护送真儿和雪儿回到鼎时医堂。

尹老夫人和鼎时先生感谢张师，在家中设宴款待张师，真儿也出席了。在席间，张师悄悄地问："鼎时先生，听说真儿擅长刻砚，还有机缘得到洮河绿石砚原石，刻有月兔杵药砚、三羊开泰砚，获有金刀大夫的雅号，是真是假？"

鼎时先生点头："不假，你说的都是真事。砚台也有，但是，真儿一方也没有留下。三羊开泰砚就在前几天第五峡发洪水时丢了。雅号至今流传，本名已经不用了。"刚开始真儿每一次都要更正："我叫真儿，不叫金刀大夫。"无用。现在，真儿是别人叫什么他都答应。

张师内疚："鼎时先生，都是我的错。真儿不去探望我的胃病，也不会去第五峡，也不会遇到洪水，使雪儿受伤、真儿丢了砚，罪过，罪过！"

鼎时先生对真儿转达了张师的内疚之情，尹老夫人也担心三羊开泰砚丢失对真儿的影响，想要开导他，让他想开一些。

真儿明白，站起身来真挚地说："雪儿叼着我的左膀，从洪水肚皮底下游出来，飞奔到山坡上的安全之地，我突然间明白，生命最可贵。雪儿舍身相救、不离弃的挚爱，这份情，纯洁似玉，难于寻找。美石易寻，真情难觅。雪儿的伤无药止血，我是真心痛、真着急，砚台变得微不足道。尹老夫人以前说过，'多贵重，也是石头。人，要能凌驾物件儿之上，不能让石头主宰了你。'我现在理解这些话的意思了。鼎时先生多次讲，'惟江上之清风，与山间之明月，耳得之而为声，目遇之而成色；取之无禁，用之不竭。是造物者之无尽藏也，而吾与子之所共适。'我现在懂了，什么是可拥有的，什么是过眼浮云。张师，你不要内疚，我向尹老夫人保证过：悬壶济世，是我的终身职业，刻砚是我提高文化修养的一部分。"

真儿的一番话使尹老夫人、鼎时先生、张师各自放心，真心替他高兴。

真儿说了这么多，呷了第二口酒，接着说，从那以后，真儿专心学习医学知识，医术有了显著提高。15岁那一年的三月初三，鼎时先生在宝石口出资，开设了"真味药庐"，由真儿坐堂，成就了现在的金刀大夫。

真儿呷了第三口酒，缓慢地说："君子，我们两个有缘。一是面相缘，一见钟情的面相缘。二是雅兴缘，文宝砚台的美石缘。三是天地奇缘，七月初七下午，能在鹊桥下并肩过桥，天地奇缘。"

我赞同真儿的话，想表达却又不知道说什么好，想起歌颂"梅花"的宋词，便吟诵了陆游的《卜算子·咏梅》应答真儿："驿外断桥边，寂寞开无主。已是黄昏独自愁，更著风和雨。无意苦争春，一任群芳妒。零落成泥碾作尘，只有香如故。"知己难觅，知音难寻，机缘暗合，奇缘连连。

这一晚，七月初七的夜晚，九甸峡最高峰的第六峡的彩虹大道无人眠。余庆酒肆的人们载歌载舞，把酒祝苍天。彩虹大道上的真儿和我，更深刻领悟"造物者之无尽藏也，而吾与子所共适"的奥妙。

当东边的一抹阳光升起，余庆酒肆狂欢一晚的人们入睡了，真儿和我迎着初升的太阳出发了。

七　拥有者的珍视、收藏

卓尼地界的柳林地区，人们虔诚地认同：众生平等，生命无贵贱之分。但是，唯独对石头要划分等级，普遍认可的标准[①]为四个等级，分别是：特级、一等、二等、三等。具体如下：

---

① 祁殿臣编：《艺斋瑰宝洮砚》，甘肃民族出版社1992年版，第228页。

特级——产地，宋代老坑，喇嘛崖。

一等——产地，明代旧坑的水泉岩、旧坑碣仔岩。

二等——产地，旧坑滨上岩、新坑扎甘岩。

三等——产地，新坑大谷岩。

喇嘛崖、水泉岩、碣仔岩、扎甘岩、大谷岩分布的石料，其共同的特点是石质细腻，纹路优美，颜色纯真，石膘油亮，斑点自然。研墨时出墨快、多、无声，舔笔，不毁毛笔。

砚匠用传神之笔，突出石头的特性，巧夺天工地雕刻了大量的砚台，件件惟妙惟肖，让人心动，令人向往。砚台外观的沉稳，研墨、养笔的内在的实用、使用功能是基础，是一方砚台好坏的基本标准。

因为，原石有等级，砚台也就有了等级的划分，有洮河绿石砚和泛指的洮河绿石砚。洮河绿石砚，有皇家砚、友情砚、率真砚之分。泛指的洮河绿石砚，是洮河流域的原石雕刻的，有水泉岩砚、碣仔岩砚、扎甘岩砚、大谷岩砚等之分。

卓尼地界，拥有者宠砚、斗砚也就顺应而生。

1. 宠砚者

在卓尼地界的柳林、宝石口一带，有骚人一族，自称宠砚者。每每得到一方好砚，他们便喜爱至极，每日把玩不已。不仅如此，还时常邀三五好友品酒赏砚，赋诗赞美其品质，喻人志向。

席间，如果投缘，相互赠砚，以表胸怀，颇显高雅之风。如果醉酒，酒后醉言，豪放将砚台送给酒友。第二天酒醒后又十分后悔。但是，西北汉子，一诺千金，不得已，忍痛割爱也不能反悔，自是追上人家，免不了交代、叮咛，表现得难舍难分。

纵观得砚者，知其酒后戏言，有送回的；也有真心喜欢，明知酒后戏言，却装傻充愣不退回的。他们大都耐心、耐性地听赠砚者的嘱咐：好砚，先天喜水忌干燥；喜温暖忌烈火；刚直强硬，宜用柔软织物擦拭；研墨，宜用上等好墨，不损伤墨池；舔笔，用名贵好笔，才配得上好砚。

更有甚者，叮咛、嘱咐还不够，书写一份《保养砚台指南》，慰藉割舍之痛，自嘲此举如同黛玉葬花一般。《保养砚台指南》大意如下：

第一步，落灰的清理。每日书写前，使用干燥、洁净的新毛笔，轻轻地扫除砚台上的灰尘。如果有条件，使用白牦牛的尾巴毛制成的掸尘，掸去灰尘。

第二步，研墨前、中的准备。首先，给墨池、水池注入洁净之凉水。其次，检查待磨的墨条的接触面，有无夹杂尖锐之物或硬物，避免划伤墨池。检查毛笔的笔锋是否柔软散开，避免坚硬的笔锋划伤墨池和水池。最后，欣赏研墨之声，那独有的润万物细无声，美妙得似乎天籁之声，舔笔搅动的墨汁，如舞动水袖、飞奔欲出的舞者仙姿。

第三步，残墨的处理。如果想要保留残墨，第二天继续使用，务必盖紧砚盖儿，放置阴凉、暖湿之处。如果清洗残墨，必须倒掉残墨，一边注水，一边使用旧毛笔刷洗，确认清洗干净，再用干净的双手，揉一小块面团，反反复复，轻轻滚动面团，吸干砚台的水渍，放在阴凉、通风之处，待彻底干爽，收起。

第四步，不使用的处理。短期不使用，适宜在透气性强的器皿，如：陶制器皿、砂质器皿、玉质器皿中浸泡，以水没过砚台最好。活水上乘，如果没有活水，要两三个时辰换一次清水。长期不使用，擦洗干净，放在阴凉、通风且不易碰撞的安全地方即可。

第五步，不可过度养护。砚石含水量极高，砚台细腻、温润，散发淡雅清高的自然光泽。万万不可为了增加砚台的亮度，人为涂抹油脂物品或者人为打蜡，使砚台沦为俗物，也无法使用。

第六步，严禁抱砚入睡。宠爱至极，砚台等同亲人，抱砚入睡，已经成为一种时尚。抱砚入睡的短处有：抱砚入睡，人体的汗液粘在砚台上，等同给砚台涂抹油脂，与油污粘在砚台上是一样的；抱砚入睡，人体的体重有可能压折砚台上的镂空雕刻的图案，造成砚台的破损、伤残。

一篇《保养砚台指南》的文章，送到得砚者手中，一个循环结束，另外一个品酒赏砚、赋诗赞美砚台的聚会又拉开了序幕，宠砚者又进入了新的循环：赠砚、追砚、书写《保养砚台指南》葬砚。

宠砚者，以独有的方式追逐一生，不改宠爱之痴情。

2. 斗砚者

在卓尼地界的柳林、宝石口一带，从宠砚者中分出一族，自称斗方名士，好斗砚者。

斗砚，斗什么？斗赢的标准是什么？斗方名士自有规定。

斗的原石产地、斗的卓尼的砚匠。砚石产地的等级，对应了砚台的等级。分为洮河绿石砚和泛指洮河绿石砚两大类别，具体如下：

洮河绿石砚分为皇家砚、友情砚、率真砚，分别以天、地、玄命名。产地，宋代老坑，喇嘛崖。

泛指洮河绿石砚分为一等——以甲、乙、丙命名。产地，明代旧坑的水泉岩、旧坑碣仔岩。二等——以甲、乙、丙命名。产地，旧坑滨上岩、新坑扎甘岩。三等——以甲、乙、丙命名。产地，新坑大谷岩。

这样，斗方名士的规定就产生了。

洮河绿石砚，天、地、玄，传承有序，斗砚斗的明白。泛指洮河绿石砚，一等甲、乙、丙，二等甲、乙、丙，三等甲、乙、丙，原石产地、砚匠名气，斗砚直观、明了、公平、简单，马上有输赢结果。

斗砚者的玩法传开后，斗砚的游戏标准竟然影响了砚台的价格。洮河绿石砚砚台，每一年是有计划的、定量生产的。

天砚市面是不流通的。地砚，料、砚匠与天砚相同，只是图案有差异，斗砚者有钱就能买到，但需要大价钱。玄砚的料是边角料或者残料，砚匠与天砚、地砚没有区别，大小、薄厚不及天砚、地砚，形制不是中规中矩，但是，具有生活化、趣味化的特点，受人追捧，价格不菲。

一等甲、乙、丙，二等甲、乙、丙，三等甲、乙、丙的原石，要靠砚匠自己上山采矿，遇到好料，方能雕刻出满意的作品。相对于天砚、地砚、玄砚而言，出原石的地方多一些，雕刻的砚匠也多一些，常有新人辈出、好砚涌现。价钱低于洮河绿石砚。

斗砚者如果是财大气粗者，会花钱购买名砚，只为人前显贵，表明自己是财富拥有者。平日里不使用，而是像贡品似的，摆在讲究的条案上，恭恭敬敬地供着。

斗砚者如果是权贵阶层，掷重金求砚，斗砚时赢

得地砚或者玄砚，也只为炫耀身份、财富和社交场合
的需要。

斗砚者如果是收藏者，斗砚时，赢得地砚、玄砚或
者一等甲、乙、丙砚，二等甲、乙、丙砚，三等甲、乙、
丙砚，直接证明砚台的收藏等级，品位的高低，砚台被
贴上身份的标签。

众多的人，从斗砚游戏中，掌握砚台价格波动的行
情，以手中的砚台比对等级，在购买商品时，讨价还价。

宠爱砚台者，对斗砚的斗方名士颇有微词：沉稳的
砚台，承载厚重的文化底蕴，此刻，变得轻飘飘，好似
墙头草，风吹过，就会随风而起。

不少清醒者呼唤：洮河绿石砚什么时候能回归它的
本性？

　3.《神农本草经》书砚

我和真儿七月初八离开余庆酒肆，七月初九回到真
味药庐。真儿没有时间休息，立即询问患者的病况、开
方，交代西米和米力抓药、煎药，叮嘱病患服用的注意
事项，忙完这一切，已经到掌灯时间了，但他还是不能
休息，有宠砚者和斗砚者来访，想请金刀大夫帮忙看看
自己所持的砚台属于哪一个等级。

真儿自己不赞成宠砚、斗砚，他自始至终认为：砚
台的使命，就是研墨、舔笔，供人们书写、作画。日常

的养护是必不可少的，但千万不能过分。遇到宠砚、斗砚的人，阐述自己的观点，希望他们能明白，放弃宠砚、斗砚，但是，真儿也并没有强迫他们接受自己的观点。对于宠砚、斗砚者拿来的每一方砚台，他仅仅就砚台本身的产地、砚石的颜色、砚匠的雕工、设计图案的构思，实事求是、客观表述自己的看法，从来不下定义，明确是哪一个等级。

真儿明白，在卓尼，个个都是识砚的高人，家家都有刻砚的绝活。宠砚、斗砚的人，有了自己的鉴定，心中踏实，找金刀大夫不过就是为了证实先前自我的判断是不是准确而已。

我刚到真味药庐就知道药庐的中院有间书砚房，是专门用来存放砚台的房间。我住了这么久，对书砚房有点好奇，金刀大夫的书砚房，收藏有多少名砚？但是一直碍于面子，说不出口。现在我与真儿的感情今非昔比，问问倒也无妨。

我见真儿忙了两日，有了空闲。这日便在莲花仙子树下请我品茶的空当，提出了参观书砚房的要求，真儿爽快答应："一会儿，我手头还有事需要处理。今晚忙完以后我陪你去。"我期盼的参观书砚房，终于来了。

月色溶溶，书砚房的琉璃窗户透出明亮的灯光。真儿开了铜锁，三扇门显得大大方方的，让人心里舒畅。

书砚房太讲究了，我自以为是见过世面的，是有些文雅的，但是此刻自叹不如。

一说，书砚房的灯具。灯具位于琉璃窗的旁边，灯杆是1.7米高的桂花树的树干，它的顶端，真儿设计并雕刻了"灯座"，它是两手十指相对、手心相对的球形的灯座。灯座的机关与铜锁相连，有两个挡，一挡是半圆形，二挡是圆球形，球形灯座里面，有一个火齐珠，鸭蛋般大的火齐珠，光芒四射，书砚房似"元夕的花千树，一夜鱼龙舞"。

二说，书砚房的书砚架。书砚架的架子，是由竹子制作的，竹子拼接的竹板非常厚，乍看像是木板表面粘贴的竹子皮。书砚房内竹子的清香阵阵袭人，让人神清气爽。长方形的书砚架，被隔成一个又一个方格的样子，每一个方格内，倾斜30°放置一块檀香木板，30°角的下方，有一个盛满水的椰壳制作的葫芦形的盛水器，使竹架、砚台保持在湿润的环境里，书砚架做工精致、朴素自然的本色风格，跃然而出。

三说，书砚房的书砚标签。书砚标签，它是菩提树叶做的，朦胧地印出竹子的样子。做法是：将菩提树的树叶经过处理，保留树叶的形状不变。发黄的菩提树叶，蜕变成透明的，丝丝叶脉清晰可见，薄如蝉翼、韧性上佳的书砚标签，标签注明产地，如喇嘛崖、宋代老坑，水泉岩、明代旧坑，碣仔岩、旧坑，滨上岩、旧坑。使用时，插在书砚架方格的右侧（书砚架特意设计的插放书砚标签处），检索时，寻找标签，陶冶情操。菩提树叶标签，让我大饱眼福。

四说，书砚房的书砚。砚架摆放上百本书籍，吸引我的眼球，走进，拿起观阅，好沉，差一点儿掉地上，小心地换了一本，依旧很沉，又换了一本，还是很沉，这才发现全是砚台书籍，外形模仿书籍雕刻的砚台，以假乱真，欺骗我的眼睛，我佩服真儿巧夺天工的手艺，也被上百方砚台震撼，第一次见到这么多的砚台，不知从哪里看起。

真儿走到我的身后，介绍道："你刚才拿的是《神农本草经》书砚（中卷）玉石部上品，玉泉……草部上品，青芝……，我已经雕刻完成了120种，还有2/3未雕刻，书砚架的空格，就是预留的书砚的位置。"

我吃惊不小，有一点儿的结巴："你要将《神农本草经》全书记载的365种药物，都雕刻成砚台?"

真儿奇怪我的表情，他肯定地回答："是啊，一共雕刻366方砚台。365种药物，'七情和合'的原则单独刻一方，它至关重要，操纵生死，不可以忽视一分半毫。说白了，是做成砚台版本的《神农本草经》书砚。"

我由衷敬佩、大加赞叹："真儿，你太有创意了，怎么想出来的?"

真儿苦笑:"逼出来的。在鼎时医堂做学徒时,要背诵《神农本草经》,那时字都认不全,实在是不愿意学习。当时手头有枣树木料,给尹老夫人刻面点模具剩的,试着将《神农本草经》的青芝刻成木雕,笔刀题写:'青芝,味酸平。主明目,补肝气,安惊魂,仁恕。久食轻身不老,延年神仙。一名龙芝,生山谷。'没有想到,刻完,我也记住了,最主要的是玩的时候,字也认识了,书也背熟了。真味药庐开张以后,西米也遇到我小时候的问题,不愿意背诵。我想到刻砚的方法,一方面利于学习,他们在打磨书砚的过程中,就学会了;另一方面给西米、米力留下一笔财富——《神农本草经》书砚。"

财富,精神巨祜,洮河绿石砚本身就是巨额财富,《神农本草经》书砚让财富插上书香的翅膀,鹄望真君子。

我再次走过一排一排的书砚架,感受老竹、书砚、菩提树叶的画卷,禅意渐渐生出。

风吹铜锁轻叩门,我和真儿走出书砚房,铜锁合。旦暮照亮琉璃窗户,书砚房入睡了。

我在真味药庐的日子,愉快而充实。在真儿的帮助下,药材购齐了,山水砚台也修好了,还得到两方好砚:

素砚和孔圣人开坛砚台，心想该返回长安了。因为留恋真味药庐的真儿、西米、米力和雪儿，一直没有开口。

磨蹭到七月十三日，午饭后，我在卧榻的禅房归置东西，总是心不在焉，琢磨来琢磨去，我能帮真儿做点什么呢？

有一个想法冒了出来："对，就是洮河绿石砚。在长安举办展览，让世人目睹、欣赏洮河绿石砚，也算是传承、发扬的长远需要。"

我兴奋，为了这是个好主意。

突然一声高亢、尖厉的鸟鸣，在我耳边炸响。闻声，从敞开的窗户看到一只不知名的神秘大鸟，从我禅房窗边腾空而跃，向西飞翔，留在窗户上的鸟影，与我七月初三看到的从云中飞出来的一模一样，我下意识地掏出怀表，下午4点50分，七月十三日。

我跑出禅房，特意观看：窗户旁的一面墙，光滑、平整，神鸟是怎样腾空起飞的，连一个神鸟的踏墙、踏地的痕迹都没有。

神秘大鸟的模样和叫声，我铭记在心，永远难忘。

闻声而来的真儿，只看到飞翔的神鸟的尾羽毛，羽毛像鱼尾状。

我暗自计算了一下，七月初三、七月初七、七月十三，万分的不解，遇到这么多难以忘怀之事，真是运气非凡。

刚才的一幕，我们两个人，都没有提起。

我对真儿说，应该回长安了。

真儿问："七月十七日走？"

我答应："行"。又说："真儿，我有一个想法，建议你在长安举办《神农本草经》书砚展，让世人目睹洮河绿石砚的风采。"

真儿问："什么时候？"

我说："明年的重阳节，民国二年的重阳节。"

真儿点头："行，就这么约定了。"

七月十七日，真儿让雪儿送我，一直送到彩虹大道的断涧。雪儿停住，示意驮我跨越断涧，感激雪儿的情义，我抱紧雪儿的脖子，雪儿围绕彩虹大道跑了三个来回，纵身一跃，轻盈地带我跃过了断涧，雪儿转身跳跃回到彩虹大道，将我随身的包袱也送到我的身边，然后用脑袋顶了顶我的面颊，迅速转身，飞快离去，渐行渐远，只剩我一个人伫立断涧边，只觉得两眼发酸，"可怜无数山"。

我知道，该是返回长安的时刻了。

第四篇　金玉其相

一　梦碎断涧

1. 镇纸传书

乾鹊叫，远客到。米力风尘仆仆站到我面前。一年的时间未谋面，我激动地张开双臂，米力却有一点儿的羞涩，略迟疑，还是扑向我："卓大夫！"

米力用手背抹了一下眼泪，从怀里往外掏出一对镇纸："这一对镇纸是师父给你的。"

我接过这一对镇纸，"噫吁戏，妙哉！"镇纸是黑色玉石，压手，两条尺寸相同，都是长 21.5 厘米、宽 3.5 厘米、高 1.7 厘米，都是在正面阴刻填金色，其余三面打磨得十分光亮，能当铜镜照出人影来。黑底金字写着："一饭之德必偿、睚眦之怨勿报"，12 个金字，苍劲有力，如行云流水。我举起两条镇纸，对着阳光细看，原来是墨玉，通透无杂质，太漂亮了。

我眼睛瞅着墨玉，问："米力，你师父安好？"

米力嘘唏不已，我回过神，放下墨玉镇纸，紧张地问："米力，不要着急，慢慢地讲。"

米力捂着脸抽抽搭搭地哭，我拍着他的肩膀，焦灼不安，急于想知道发生了什么事，米力手指镇纸："信，师父给你的信，写在镇纸上。"

我读信："'一饭之德必偿、睚眦之怨勿报。'米力，难道是卢广在作祟？"

米力点点头，咬着牙愤愤地说："不是他是谁？"

我从米力的口中得知了事情的来龙去脉。

去年，我走以后，真儿就着手安排真味药庐和《神农本草经》书砚展览的事情。

每年的九月底、十月初，宝石口的天气寒冷，雪天就要到了。下雪就会封山，封山之前，药庐要做四件事情。一是将十月到来年五月期间需要炮制的药材的原料准备齐全，冬季和惊蛰前的独有的制药条件：气候、雪水、冰窖、冷藏，冬至、元旦、三月三等独有的时间段、时间点，都不能错过，否则又要等一年。二是药庐的老主顾的一些慢性病，要把这个季节的控制病情或减轻病痛的药品分发给大家。还有夏病冬治的药品，需要特别关照的患者，一定要嘱咐到。三是借宿在药庐的病人，希望继续留在药庐诊治的，要安排过冬的衣物和食物。借宿人之一的卢广对真儿讲，他没有亲人，腿脚不便，想去四川，借宿到夏天，天气暖和了再离开，这期间干点零活算是补偿。四是刻砚要准备的事情，像原石的收集，要抽空到水泉岩明代老坑、碣仔岩旧坑、滨上岩旧坑采集，以备封山期间可以雕刻。

　　这一年，也就是民国元年封山前，准备工作非常顺利，尤其是原石的准备格外顺利。

　　真味药庐平时看病是义诊，不收钱的。看病的人都会留下一些物品，有食物、药材、砚石等。看病的人中，有一位就是专职采石工——杨老汉，他患有类风湿疾病，到冬天就比较痛苦。他和金刀大夫是好朋友，深知金刀大夫喜欢刻砚而且擅长刻砚，他只采矿却从来不雕刻砚台，总是把土司赏的喇嘛崖宋代老坑的边角料留给金刀大夫，用杨老汉的话说："金刀大夫用，不浪费。我不会刻，浪费了。"今年，他在封山前，特意给金刀大夫送来了赏石，足够雕刻《神农本草经》书砚了。

　　偶尔，有人拿来雕刻好的砚台，在真味药庐门前出售，真儿觉得砚台的砚石好，雕工差一些的，也会出钱购买，经过真儿的手，增加几刀或者打磨、抛光，一方上等的砚台就诞生了。

　　封山以后，真儿带着西米和米力，除去炮制药材，就是刻砚。

《神农本草经》书砚，外形仿书籍形状，不用新构思，每一方砚台雕刻的主题明确，就是神农本草经的药名，相石的重点放在原石的颜色、纹理、肥膘的色泽更接近药名，雕刻的手法最直接地表现药物的特征和表象。

西米已经会落图，真儿修改后，粗刻的工作由西米承担，米力负责打磨、抛光。砚台的精细活，还是真儿完成。

日子有条不紊的过着，砚台完成了大部分。很快，春天来了，五月，山里的冰雪完全融化了，病人也多了起来，新的药材要上山采集，采药的时间不容错过，人手显得不够用。真儿张贴告示：需要一名杂工，帮忙打扫院落及割草。卢广请求，他来做这份工作，每天闲着无聊也不好意思。真儿答应了。卢广干活勤快、手脚麻利，打扫、割草做得很好。后来，他主动做饭、给雪儿洗澡，什么零活都干，真儿有时教育米力，说他要有卢广一半的勤快就不错了。

民国二年七月十七日，366方砚台刻完了。西米和米力将其摆放在书砚房的书架上。看着书砚架，师父对西米和米力说："整整一年了，君子去年的今天回长安，现在一定很挂念我们，好在很快就能相见了。剩余的工作，制作新标签并核对原来的标签，砚台的打磨、抛光、包装，用一个月的时间完成，八月十七日过后就出发长安。"

米力说："《神农本草经》书砚共有 366 方，其中 200 方是喇嘛崖宋代老坑料，80 方是水泉岩明代老坑，30 方是碣仔岩旧坑，56 方是滨上岩旧坑，最漂亮的一方砚是七情和合书砚，每一次看它，我都冲动的想要抱着，像兄弟似的，亲切的不行。"

谁知，七月二十三日午饭后，卢广带雪儿去河边洗澡，到晚上天黑也没有回来。师父有点担心，说今天怎么了，往常晚饭都吃了。还好，有雪儿在，应该无大碍。说话间，西米去书砚房，片刻，惊呼声传来："师父，师父！"

真儿快速走向书砚房，米力小跑紧跟其后，眼前的书砚房一片狼藉，砚架空白，火齐珠似流泪……风吹铜锁砸门，愤懑之情似草划尽还生。

顾不得伤心、愤怒，真儿安排西米快去药房准备创伤药，雪儿要有难了。真儿又叫米力将打磨好的那一对墨玉镇纸拿来，他要写一封信，由米力送给卓大夫。米力等真儿写信时，整理书砚房，发现躺在地上的七情和合书砚，他最喜欢的砚台，卢广没有把它偷走，觉得是不幸中的万幸。他紧紧地抱着七情和合书砚，呆头呆脑了一晚上，直到两天后，也就是七月二十五日，师父才放心米力到长安送信。

果真是卢广的所作所为。

我读着真儿的来信，明白真儿的心思："一饭之德必偿"是要求自己，"睚眦之怨勿报"是对卢广，一对墨玉镇纸，暗喻要我像他一样看待这件事情，我俩情深似水，灵犀相通，多么善良的真儿！

2. 梦碎断涧

七月二十四日清晨，真儿和西米送米力去长安，途经彩虹大道。沿途认识真儿的朋友问好后，寒暄似地告诉真儿，昨天看到雪儿了，往六殿峡的方向去了。真儿应者，并不想告诉邻居自家发生的不幸。

好事不出门，坏事传千里。真儿师徒还未走到彩虹大道，消息满天飞：余庆酒肆的主、客，目睹惊人一幕，马将人踢下断涧！雪儿将一瘸子踢下了断涧？

真儿眉头紧锁、面色深重：一马、一瘸子同时出现，一定是雪儿和卢广，雪儿踢人是头一次，事态非常严重。

果然，彩虹大道的断涧旁，冷蕊照看雪儿，雪儿浑身是血，侧卧道边，卢广踪迹全无。真儿强忍眼泪检查雪儿身体，是压伤、鞭伤造成的失血过多，引发极度虚弱，只要止血、补充营养就没有大碍。西米遵照真儿的处方，处理雪儿的伤势，米力哭哭啼啼抱着雪儿的脖子，守候一旁。

忙完这一切，真儿从冷蕊口中得知真相。她在余庆酒肆看见雪儿驮着一个大麻袋和卢广，他们来到断涧前，卢广想让雪儿驮着他跳跃断涧，雪儿不肯，来回在断涧前徘徊，看热闹的人就多起来了。卢广情急，挥马鞭使劲抽打雪儿，催雪儿跳越断涧，打得可狠了。看热闹的人不干了，责问卢广的残忍行为，卢广越发得着急，抽打得近乎疯狂，冷蕊看不下去，放下手中的活计，决定出面制止。走到彩虹大道的当街，只听雪儿嚎叫数声，前蹄仰起近乎直立，将大麻袋、卢广摔下马来，大麻袋的一半落在断涧边，慢慢的、一点点往下坠，卢广跳起想要拉住大麻袋，哪知麻袋太重，反而将他拖着下坠，众人还没有反应过来，就听惨叫声从断涧间隙传来，越来越弱，最后，"咚"的落水声取代了惨叫声，片刻，什么声响都没有了。

冷蕊说完，安慰金刀大夫："事发突然，你不要怪大家，我已经安排店里的伙计去寻找了，金刀大夫，你也不要太着急了。"

真儿摇头，长叹数声，到这会儿，也无法隐瞒了，真儿对冷蕊及在场的人讲述："我雕刻了 366 方砚台，砚名《神农本草经》书砚，已经全部完工。原来计划九月初九在长安举办《神农本草经》书砚展览，八月十七日出发，现在处于最后的打磨、抛光、包装阶段。卢广去年受伤，跛了右脚，在真味药庐疗伤，说今年夏天去四川，这期间借宿药庐，我也就答应了。最近一个月事情太多，卢广帮忙做饭、照顾雪儿。昨天中午卢广说去给雪儿洗澡，到傍晚也没有回来。我也是大意，心想有雪儿在，不会出问题。直到天黑了，西米发现书砚房的砚台少了，就是诸位目睹的麻袋——装的是砚台，这才知道出事了。"

众人闻言，都说："活该，这种行为理应得到报应！"

真儿挥挥手，示意众人安静："千错万错，找人救命要紧。"

米力年纪小，不愿去救人："不去，都不要去！"

西米年长几岁，安顿好雪儿，内心不情愿，但是他知道什么事情应该做，什么事情不能做，还是找人去了。

真儿来到断涧下，不见人影，只见马尾松傲立，被折断的树枝露出崭新的断痕，雪白的断痕处血迹斑斑；马尾松的松针挂住了麻袋的碎片，无言的碎片像是召唤真味药庐的主人，盼望能重回家园。

断涧下，洮河水轰鸣依旧、奔流不息，像是笑看市井百态，全不顾岸边人寻死觅活，作践自己，累及他人。

断涧下，真儿欲哭无泪，180方喇嘛崖宋代老坑料书砚落入何处，难道入地不成？《神农本草经》书砚366

方，缺失 180 方，展览该如何举办？美好的愿望，就像美梦瞬间支离破碎，碎的无法捡起，似落地的零乱的松针，似挂在松针上的麻袋片，一针一片，梦碎断涧！

米力二十五日离开了师父，赶往长安，走之时，真儿带领众人，沿着洮河两岸，还在找人、找砚。

二　金玉其相

1. 金刀大夫——真儿，真金不怕火炼

断涧将一座山毫不留情地一劈两半，长不过千米，宽不过 1 米，海拔 2000 多米，底部有洮河水急速流过，抬头仰望天空，只有一线天，遥不可及。低头看，深不见底，一两棵马尾松顽强地扎根在断涧的绝壁，凝视片刻，会觉得天旋地转。

断涧是一道坎儿，希望和绝望一步之遥，考验着人们。行善者飞跃而过，昼夜与七色彩虹相伴，行恶者失足跌入断涧，鲜血乃至生命都交予断涧底的洮河水。

真儿没有放弃救人，哪怕是作恶之人。

真儿面对滚滚东流的洮河水，喊出他的心声："为什么，总是与砚台过不去？就为了真金不怕火炼？"

他想："真金不怕火炼，三昧真火烧的我还不够？月兔杵药砚、蟠桃祝寿砚、三羊开泰砚，纷纷离我而去。命中的历练、苦难何时到头呢？难道我命中注定无缘拥

有洮河绿石砚台？只能做一个雕刻的砚匠？"

真儿忆往昔，多少年来，刀笔、水，是他和砚石交流的窗户，是他得心应手的伙伴，是他梳妆砚台的妙手，真儿殚精竭虑，这才有了妙笔生花之作：月兔杵药砚、蟠桃祝寿砚、三羊开泰砚、《神农本草经》书砚。

如今，上苍还要用真火锤炼命中带金的真儿？《神农本草经》书砚中的 366 方砚台，都是他的骨肉，得到他的关爱，被赋予了他的灵魂。在断涧一下子不见了 180 方砚台，犹如走失了 180 个孩子。

他心碎，没有保护好他的孩子。

他懂他的砚台，就像肌肤感知春夏秋冬气候的变化一般。寂寞时，他与砚台促膝长谈；遇到困难时，砚台给了他勇气；成功时，光环照耀真儿的脸面，砚台默默无言的陪伴。鲜活的孩子，浮现在眼前：

《神农本草经》书砚之合欢书砚，"味甘平。主安五脏，和心志，令人欢乐无忧。久服轻身明目，得所欲"，他是快乐的孩子。

《神农本草经》书砚之松萝书砚，"味苦平。主治嗔怒邪气"，他是安慰人的孩子。

《神农本草经》书砚之无味书砚，"味酸温"，他叫无味，实则一味，是一个理性的孩子，时刻提醒我们不要轻信他人，不要被表面事物所欺骗。

《神农本草经》书砚之鲤鱼胆书砚，"味苦寒。……明目。久服强悍益志气"，他是一个心明眼亮、勇敢有志气、敢做敢当的孩子。

《神农本草经》书砚之远志书砚，"……益智慧，耳聪目明，不忘……"远志，以名喻志，为实现目标坚持不懈，是个遇到挫折越挫越勇的孩子。

这么好的孩子，原本应该在书砚房履行砚台的研墨功能，还要在长安的砚展上大放异彩。

真儿望未来，他还是心碎。

他心碎，善良的心总是被人利用，还要累及好友君子。

他心碎，五脏六腑知道，洮河水知道。

他坚强，真金不怕火炼。西北汉子"打碎门牙往肚里吞"的担当，不容许他心碎。他是西米和米力的肩膀，是真味药庐的擎天柱，是宝石口的金刀大夫，是君子的好友，长安的洮河绿石砚台展览的承诺未兑现，不允许他心碎。

他坚信，比起卞和遭受的苦难，自己是幸运的，这一点磨难都不值得一提。

他深信，微笑，面对灾难要微笑，一切都会过去。

2. 金镶玉

书云：美石为玉。在真儿的眼里，洮河绿石砚台美轮美奂，半透明或透明的黄膘点缀着绿色的砚台，就是自然天成的金镶玉。

金玉其相一：金镶玉的洮河绿石砚，千百年来，传承着陪伴、感受、聆听的美德：

多少学子研墨、舔笔、书写文章，考取功名；

多少志士研墨、舔笔、书写文章，阐述治国大论；

多少骚人研墨、舔笔、书写诗词，抒写情怀。辛弃疾的《永遇乐——京口北固亭怀古》"千古江山，英雄无觅，孙仲谋处……"，苏轼《水调歌头》"明月几时有，把酒问青天……"，被后人抄写、传诵的司马相如的《长门赋》，白居易的《长恨歌》等。

它总是默默地聆听，沉稳地一言不发，熬夜陪读、忧国忧民、排解愁怀、祝福有情人终婵娟。

金玉其相二：金镶玉的洮河绿石砚，千百年来，传承着随遇而安的谦谦君子品德：

在帝王将相之家，劳作之时，研墨无声、发墨迅速、水墨相融，爱惜金、银、象牙笔杆的胎毛笔。

在文人雅士之家，劳作之时，研墨无声、发墨迅速、水墨相融，爱惜紫檀、斑竹狼毫笔。

在寻常百姓之家，劳作之时，研墨无声、发墨迅速、水墨相融，爱惜木杆鼠毛笔。

不论研墨人用水如何，磨墨力道如何，是喜欢浓墨，还是淡墨或涨墨？它总是做到研墨无声、发墨迅速、水墨相融，墨正。不论书写者使用什么笔，爱惜毛笔不损坏毛笔的胎毛笔锋、狼毫笔锋或鼠毛笔锋。

金玉其相三：金镶玉的洮河绿石砚，千百年来，传承着荣辱不惊的心态：

坐在金銮殿的龙案上，依旧是研墨、舔笔、蓄墨。

坐在大学士的条案上，依旧是研墨、舔笔、蓄墨。

坐在寒士的茅屋里，依旧是研墨、舔笔、蓄墨。

它总是一视同仁的劳作，不会因为主人的地位、身份，感到荣耀或耻辱，改变习性，依旧是研墨、舔笔、蓄墨。

金镶玉的洮河绿石砚，千百年来，秉性不改，金玉其相。

3. 锦绣乾坤

《神农本草经》书砚的意外被盗，迫使原定于民国二年重阳节在长安举办的《神农本草经》书砚展览取消，让我遗憾许久，感悟颇多。

洮河绿石砚台，凭借发墨迅速且不损毫的卓越功能，为书写者称赞。研墨无声、叩砚声音悦耳，余音绕梁三日不散的美妙，为书写者痴迷。巧借石纹、石膘的惊艳创作的图案，令书写者叹为观止。

面对洮河绿石砚台的众生相，乘人之危者，低价收购，令人瞧不起；巧取豪夺者，用尽心思，将他人的变成自己的，颜面扫尽；贪婪者搭上性命窃为己有的行为，令人不耻。

美丽的洮河绿石砚台，是人们驾驭不了它呢？还是洮河绿石砚台讥笑了人们呢？

驾驭不了它的，是行为不端者，洮河绿石砚台讥笑的也是行为不端者。

真儿丢失了《神农本草经》书砚的 180 方砚台，但是，补齐原石可以再来，洮河绿石砚台——《神农本草经》书砚的展览，一定会举行。

真儿的砚展，锦绣乾坤犹在！

生活在卓尼地区的砚匠，夜以继日、独具匠心地钻研刀法，巧妙构思，一辈辈的口传身教，创作了大量的优美作品，一砚一貌，方方砚台的背后，凝聚砚匠的正义感、生活情趣或悲欢离合。

众砚匠组成的洮河绿石砚台的创作队伍，使古老的名砚永葆青春，锦绣乾坤永存！

后　记

　　因为喜欢砚台，尤其是和洮河绿石砚台的缘分，我终于前往洮河绿石砚的产地——卓尼地区一探究竟。说是一探究竟，实是安慰自己。

　　道路艰辛、险恶，我几乎半途而废。山区的寂静，让习惯于都市喧闹生活的我度日如年，几近崩溃，夜晚在真味药庐欣赏金刀大夫的雕刻手艺，才能使我的心灵得以慰藉，忘掉寂静得让人发狂的日子。被赋予了人的情感的洮河绿石砚台，犹如焕发了生命，也点燃我为真儿尽些绵薄之力的豪情，用拙作《追琢真金——洮河绿石砚的金玉其相》来宣传，希望更多的人了解洮河绿石砚台，喜欢洮河绿石砚台，使用并收藏洮河绿石砚台，心足矣。

　　真正提笔，才感觉卓尼一行是走马观花。好在有郝进贤雕刻大师精通石质的鉴别，编有《郝氏洮河砚石等级分志表》，有祁殿臣先生编著《艺斋瑰宝洮砚》，可供读者研读。我的拙作《追琢真金——洮河绿石砚的金玉其相》引用的数据，出自祁殿臣先生的《艺斋瑰宝洮砚》一书的，均已注明，在这里向郝先生、祁先生一并表示感谢！

《追琢真金——洮河绿石砚的金玉其相》的完成，是履行对金刀大夫——真儿的承诺，是对自己酷爱洮河绿石砚台，被冠以"玩物丧志"之嫌的交代。玩砚台玩出了文化，玩出了高雅，让闻名于世的洮河绿石砚台，走进寻常百姓家。

不枉此行。

《追琢真金——洮河绿石砚的金玉其相》提及的人物、故事，纯属虚构。洮河绿石砚的甄别标准，是个人观点，特此声明。